Sech Hir schenken

Trois regards sur la consécration à Marie

Sech Hir schenken

Trois regards sur la consécration à Marie

Marche avec nous, Marie !
Cammina con noi, Maria!
Mat Dir an
Caminha connosco, Maria! eng nei Zäit
Be with us, Mary, along the way!
Mit Maria unterwegs!

Georges Hellinghausen (Hg.)

Bibliographische Informationen der Deutschen Nationalbibliothek
Die Deutsche Nationalbibliothek verzeichnet diese Publikation in der Deutschen Nationalbibliographie; detaillierte bibliographische Daten sind im Internet über http://dnb.d-nb.de abrufbar.

© 2016   Katholische Kirche in Luxemburg

Service Communication et Presse
5, avenue Marie-Thérèse
L-2132 Luxembourg

www.cathol.lu

Herausgeber: Georges Hellinghausen
Titelbild: Jacques Schneider
Koordination und Fotos: Roger Nilles
Layout: Gilberte Bodson

ISBN 978-3-7412-9413-6

Herstellung und Verlag:
BoD – Books on Demand, Norderstedt

Inhalt

PATRONA CIVITATIS
1666-2016
Fënster an der Glaciskapell,
vum Emile Probst (1966).

Zum Geleit

Das 350. Jubiläum der Erwählung der „Trösterin der Betrübten" zur Schutzfrau der Stadt Luxemburg haben wir 2016 würdig begangen. Zu den herausragenden Momenten der Feierlichkeiten gehörten drei Konferenzen, die diesen Erwählungsakt von 1666, der durch denjenigen von 1678 (Landesweihe) vervollständigt wurde, beleuchtet haben. Die drei Festredner taten dies aus komplett verschiedenen, aber sich ergänzenden Blickwinkeln. Für Ihre Recherchen und ihren Vortrag – und nun auch die Veröffentlichung ihrer Konferenzen – sei ihnen gedankt. Welch reichhaltiges, theologisch sinnvolles und kirchlich fruchtbares Moment eine Marienweihe darstellt, geht daraus hervor. Und unsere Geschichte hat es so hinlänglich wie mannigfach belegt.

Le titre de cette publication « Sech Hir schenken » (se donner en cadeau à Elle, s'offrir à Elle) rappelle le chant marial en langue luxembourgeoise connu par nous tous et chanté par cœur et avec cœur : « O Mamm, léif Mamm do uewen... Wie soll sech Hir net schenken am Lëtzebuerger Land! » Dans un discours, tenu le jour même de l'anniversaire, le 10 octobre 2016, Madame la bourgmestre de la Ville de

Luxembourg nous a rappelé avec conviction combien cet hymne souligne et véhicule l'amour maternel et l'aide surnaturelle de notre chère Patronne envers celles et ceux qui se confient à elle dans leurs soucis et détresses multiples.

Sech Hir schenken, sech Hir weien – dat ass net nëmmen en Akt vun eiser Stadbevëlkerung a vun eisem Land an der Vergaangenheet. Et ass en Akt mat bleiwendem Wäert fir haut a mat vill Zukunftspotenzial. Well et geet leschtlech drëm, iwwert de Wee vum Vertrauen a Maria de chrëschtleche Glawen nei a frou an eiser Lëtzebuerger Gesellschaft ze liewen, an doduerch missionaresch ze verkënnegen. Maria ass äis heibäi Leedstär a Matschwëster am Glawen. Si bleift äis trei – bleiwen och mir Hir trei!

Lëtzebuerg, den 10. Oktober 2016,
350. Joresdag vun der Erwielung
vun der Stadpatréinesch

+ Jean-Claude Hollerich
Äerzbëschof vu Lëtzebuerg

   Sech Hir schenken

D'Tréischterin am Leed,
Patréinesch vun der Stad Lëtzebuerg zënter 1666,
um Votivaltor vu 1766.

La consécration à la Vierge Marie
dans le Magistère de l'Église[1]

« Pour elle, par elle, comme elle »

Dom Michel Jorrot OSB[2]

L'heureux anniversaire de la consécration de la ville de Luxembourg à Notre-Dame Consolatrice des Affligés offre l'occasion bien opportune de reconsidérer cette pratique catholique de la consécration personnelle à la Vierge Marie. Nous proposerons ensuite quelques repères concernant l'histoire de la consécration de la ville de Luxembourg en 1666, il y a donc 350 ans.

Qu'est-ce que le magistère et quel est son rôle dans l'Église ? Brèves réflexions d'introduction

Dès l'abord, une question se présente : « Pourquoi le magistère de l'Église aurait-il à se prononcer au sujet

---

[1] Conférence donnée en l'église paroissiale de Luxembourg-Hollerich, le 5 mars 2016 sur invitation des Missionnaires de l'Immaculée Père Kolbe.
[2] Dom Michel Jorrot OSB est le Père Abbé de l'Abbaye Saint Maurice de Clervaux.

de ce qui semble une simple pratique de dévotion ? En d'autres termes, la consécration à Marie mérite-t-elle à ce point l'attention du magistère ? »

Aussi, rappelons un instant ce que l'on entend par magistère dans l'Église catholique. Le Catéchisme de l'Église Catholique déclare : « Le magistère est l'exercice de la charge pastorale confiée par le Christ à la hiérarchie de son Église pour veiller à ce que le Peuple de Dieu demeure dans la vérité qui libère. Le Christ a doté les pasteurs du charisme d'infaillibilité en matière de foi et de mœurs. Ce charisme s'exerce selon plusieurs modalités. »[3].

Le magistère de l'Église représente donc pour nous, catholiques, une voix de la Tradition qui vient des apôtres. Cette voix puise son autorité dans les Évangiles. Jésus dit à ses apôtres : « Qui vous écoute, m'écoute » (Lc 10, 16). La succession apostolique garantit à chaque époque la juste interprétation de l'Écriture, et en guide les approfondissements. Le magistère intervient aussi pour encourager la vitalité du peuple chrétien et favoriser, quand c'est opportun, ses pratiques spirituelles, comme par exemple le rosaire[4]. Ce rôle du magistère a été clairement rappelé par le Concile[5]. « Les évêques qui enseignent en communion avec le Pontife romain ont droit, de la

---

[3] *Catéchisme de l'Église Catholique*, n° 890.
[4] *Cf. Lumen Gentium*, n° 67.
[5] *Cf. Dei Verbum*, n° 7 *sq.* ; *cf. LG*, n°ˢ 12, 37, etc.

part de tous, au respect qui convient à des témoins de la vérité divine et catholique [...] »[6]. En un mot, le magistère est au service de l'accueil de la Révélation par les fidèles.

Puisse qu'il en est ainsi, nous comprenons qu'il est tout à fait légitime de regarder comment le magistère a encouragé la consécration à la Vierge Marie. La réponse qu'il donne s'inscrit dans une approche essentielle et autorisée du mystère marial perçu à l'intérieur du mystère du Christ et de l'Église, selon les termes mêmes du Concile Vatican II[7].

La Vierge Marie dans l'intention de Dieu

En effet, c'est l'Église comme telle qui nous oriente vers ce qui compte principalement quand on considère la Vierge Marie dans l'ensemble du mystère chrétien. D'ailleurs, l'histoire montre que la pratique de la consécration à Notre-Dame fait partie de la vitalité de l'Église... Cela nous réjouit. Dès los, à la question : qu'est-ce qu'il importe essentiellement de savoir à l'égard de la Vierge Maire ? La réponse sera : c'est de saisir le plus profondément possible *l'intention de Dieu sur elle*. Et comment saisir cette intention de Dieu sur elle ? Car cette intention divine comporte un message considérable puisque Marie elle-même dit : « Toutes les générations me diront

---

[6] *LG*, n⁰ 25.
[7] *Cf. LG*, chapitre VIII.

bienheureuse ». C'est bien ce que nous faisons encore aujourd'hui et justement le magistère nous y encourage. En effet, se consacrer à Marie permet de se situer très personnellement parmi ceux qui la disent bienheureuse !

Ainsi, nous devons comprendre que c'est en référence à l'intention de Dieu sur Marie, que nous pouvons avoir nous aussi l'intention de nous consacrer à Elle. Ce qu'elle est aux yeux de Dieu, voilà ce qu'elle doit être à nos yeux. C'est cohérent, si nous restons bien au niveau de la foi.

De la sorte, il est important de se persuader que le désir des chrétiens de se consacrer à elle vient en fait de Dieu lui-même, et le magistère garantit la valeur de cette pratique. C'est pour cela qu'il faut connaître ce qu'est la consécration à Marie pour le magistère. Voyons comment il en montre les fondements et quel genre de consécration il encourage quand il s'agit de la Vierge Marie.

Pour saisir, comme nous l'avons dit, l'intention de Dieu sur elle, trois questions se présentent : Que Dieu a-t-il fait **pour elle**, qu'a-t-il fait **par elle** et pourquoi nous invite-t-il à être **comme elle** ? La réponse à ces questions mettra en valeur le sens et les effets de la consécration à Marie.

La voix du magistère

Nous interrogeons le magistère : « Qu'est-ce que Dieu a fait **pour elle** ? » Il répond abondamment surtout par les documents des papes saints Jean XXIII, Pie XII, Paul VI, saint Jean-Paul II et par le Concile Vatican II. En résumé, le magistère affirme, au nom de la foi catholique, que la Vierge Marie est Immaculée dans sa conception en sa mère et absolument sans péché personnel. Il en a résulté pour elle, une plénitude de grâce, comme effet prévenant du mystère de la rédemption par la Croix de son futur enfant Jésus. Percevant cette faveur unique en elle, nous pressentons la joie indicible de Marie quand elle chante : « Le Puissant fit *pour moi* des merveilles… » (Lc 1, 49). À partir des évangiles, l'enseignement de l'Église a de plus en plus mis en relief la personne de la Vierge Marie. À l'Annonciation, elle a reçu l'immense charge et dignité d'être la Mère du Fils de Dieu. Don d'une grâce exceptionnelle qui la met bien loin au-dessus de toutes les créatures dans le ciel et sur la terre, occupant dans la sainte Église la place la plus élevée au-dessous du Christ et nous étant toute proche[8]. La maternité divine a consacré son intégrité virginale. C'est une gloire *pour elle* d'être Vierge et Mère ! Dieu l'a exaltée dans la gloire de l'Assomption : victorieuse du péché et de la mort. Elle a été élevée au-dessous de son Fils, au-dessus de tous les anges et de tous les hommes comme la Mère très sainte de Dieu[9].

---

[8] *Cf. LG*, n°s 53-54.
[9] *Cf. LG*, n°s 59, 66.

Voici, brièvement rappelé, comment le magistère déclare ce que Dieu a fait *pour Marie*. Cela fonde notre amour pour elle. Dans la foi, nous la regardons comme Dieu la voit. C'est essentiel. Cela ne vient pas des hommes. C'est l'œuvre de Dieu en cette Vierge bénie entre toutes les femmes (*cf.* Lc 1, 42).

Et maintenant que dit le magistère sur ce que Dieu a fait **par elle.** Ce que Dieu a fait *par elle* se résume ainsi : il s'agit de son rôle dans le mystère du Verbe incarné et du Corps mystique du Christ qu'est l'Église[10]. Elle s'est occupée de Jésus tout enfant, lui prodiguant les moindres services comme toute mère : « Elle mit au monde son fils premier-né ; elle l'emmaillota et le coucha dans une mangeoire » (Lc 2, 7), elle le nourrit, etc. Elle obtint par son intercession que Jésus, le Messie, inaugure ses miracles aux noces de Cana (Jn 2, 1-12)[11]. À la Croix, c'est par elle que Jean est devenu son fils et donc le frère de Jésus. Ainsi, son rôle maternel à l'égard des hommes a-t-il été établi comme une médiation qui découle de la surabondance des mérites du Christ, unique médiateur. Cette médiation maternelle s'appuie sur la médiation du Christ ; de la sorte, l'union immédiate des croyants avec le Christ ne s'en trouve en aucune manière empêchée, mais au contraire aidée. Ce point est très important, nous le verrons, en ce qui con-

---

[10] *Cf. LG*, n° 54.
[11] *Cf. LG*, n° 58.

cerne le sens de la consécration à Marie. Après son Assomption, son rôle dans le salut ne s'interrompt pas : par son intercession répétée, elle continue à nous obtenir les dons qui assurent notre salut éternel. C'est pourquoi elle est invoquée dans l'Église sous les titres d'avocate, d'auxiliatrice, de secourable et de médiatrice[12]. Ainsi, Il découle de ce que Dieu fait *par elle*, que l'Église recommande au cœur des fidèles cet appui et ce secours maternels pour les aider à s'attacher plus intimement au Médiateur et Sauveur.

En troisième lieu, sachant ce que Dieu a fait *pour* et *par* la Vierge Marie, et continue de faire par elle, il est normal que le magistère la présente comme modèle à imiter et donc invite à recourir à elle, et même à *se consacrer* à elle, et donc à tendre à vivre **comme elle**.

Que voyons-nous en elle à imiter ? Essentiellement deux choses : sa valeur personnelle et sa relation au Christ.

Sa valeur personnelle, autrement dit sa perfection, mérite d'être imitée : selon Vatican II, l'Église reconnaît en elle un modèle et un exemplaire admirables dans la foi et dans la charité, objet de la part de l'Église catholique instruite par l'Esprit-Saint, d'un sentiment filial de piété comme il convient à une mère très aimante[13].

---

[12] *Cf. LG*, n° 62.
[13] *Cf. LG*, n° 53.

D'où lui vient cette perfection personnelle ? De sa relation au Christ, c'est le deuxième aspect. En effet, c'est principalement à cause de la réponse qu'elle fit au don de Dieu qui la prédestinait à être la Mère du Christ : ainsi, Marie, la toute sainte a offert son acceptation, donnant son consentement à l'ange et par là même *se livra elle-même* intégralement, comme la servante du Seigneur, à la personne et à l'œuvre de son Fils pour servir au mystère de la Rédemption. Elle apporta à l'œuvre du Sauveur une coopération absolument sans pareille par son obéissance, sa foi, son espérance, son ardente charité, pour que soit rendue aux âmes la vie surnaturelle. C'est pourquoi elle est devenue pour nous, dans l'ordre de la grâce, notre Mère[14]. Tout cela explique, en résumé, pourquoi les fidèles lèvent leurs yeux vers Marie comme modèle des vertus qui rayonne sur toute la communauté des élus[15].

Maintenant nous voyons plus nettement que c'est par une saisie profonde et pour ainsi dire instinctive du mystère de Marie, que la piété chrétienne en est arrivée à pratiquer la consécration à la Mère de Dieu. Or, si le magistère, comme nous allons le dire, a encouragé cet acte de consécration, apparu spontanément dans le peuple chrétien, c'est que cette dévotion était vraiment conforme à l'esprit chrétien, selon

---

[14] *Cf. LG*, n°s 56 *sq.*
[15] *Cf. LG*, n° 65.

l'Évangile. En un mot, Marie est le modèle de la parfaite union au Christ. Intimement présente à l'histoire du salut, Marie rassemble… en elle-même… les requêtes suprêmes de la foi et elle appelle les fidèles à son Fils et à son sacrifice ainsi qu'à l'amour du Père, lorsqu'elle est l'objet de la prédication et de la vénération.

Il est précieux de souligner que ces encouragements du magistère ont connu un précédent. Car justement, Vatican II a rappelé que ce sont les fidèles des premiers siècles qui ont commencé à vénérer Marie sous le titre de Mère de Dieu. Et au concile d'Éphèse, en 431, le magistère a reconnu ce titre de Mère de Dieu. Nous voyons là comment il a encouragé le peuple chrétien qui, avec un grand sens de la foi, avant toute définition dogmatique, priait la Vierge Marie sous ce titre de Mère de Dieu[16]. Il en est de même pour la consécration à Marie, vécue par les fidèles et ensuite reconnue par l'Église.

Deux consécrations

Un instant posons-nous la question : qu'est-ce que signifie le mot *consécration* ? Nous verrons qu'il y a deux formes de consécrations.

Le mot consécration vient de deux mots latins : *cum* et *sacrum* – *cum* signifie *avec* comme dans les mots : contemporain, concert, congrégation, con-

---

[16] *Cf. LG*, n° 66.

corde, etc. Et *sacrum* : sacré. Consécration signifie donc être *avec ce qui est sacré*. Une consécration sacralise, elle associe à ce qui est sacré, elle rend sacré. Autrement dit, la consécration implique quelque chose de nouveau et de définitif. On dit par exemple : un autel est consacré. Un acte spécial a réalisé sa consécration.

Évidemment ce qui est sacré par excellence, c'est Dieu ou tout ce qui est lié à Dieu, et donc divin. Car Dieu est le seul saint, c'est lui le sacré en lui-même. Une consécration établit une relation spéciale avec lui. Par une consécration, on appartient à Dieu. On vit pour Dieu et avec lui.

Mais il existe deux formes de consécrations : l'une objective, l'autre subjective.

En effet, il y a une consécration réalisée par Dieu lui-même dans certains sacrements. Par exemple, la consécration du baptême. Elle est la consécration qui fait le chrétien, c'est-à-dire celui qui appartient au Christ. Cette consécration reçue au baptême vient du Christ. Elle est dite *objective* : c'est son œuvre en nous. Il nous unit à sa vie, il se donne à nous.

Dès lors pour le baptisé, la première chose à faire consiste à répondre à cette consécration reçue du Christ, par son acquiescement, qui est l'offrande de lui-même. Il doit vivre selon cette vie nouvelle et sacrée (divine) qui lui a été donnée sous la forme d'une consécration définitive.

En nous offrant ainsi en réponse à l'action de Dieu, alors c'est nous qui nous nous consacrons à lui. Cela représente une consécration *subjective*. Elle s'étend à tous nos comportements comme enfants de Dieu et se poursuit tout au long de notre vie. Nous distinguons donc bien deux formes de consécrations : la consécration objective réalisée par Dieu (sacrements) et la consécration subjective qui nous tourne vers Dieu.

L'Exhortation apostolique *Vita Consecrata* rappelle cette différence : « La vie consacrée [...] reflète dans le comportement [c'est-à-dire subjectivement] la consécration sacramentelle que Dieu opère par le Baptême, par la Confirmation ou par l'Ordre. Il convient, en effet, de passer de la sainteté conférée par les sacrements, à la sainteté de la vie quotidienne. »[17].

Ainsi nous comprenons que la consécration à Marie est une consécration *subjective*. Par elle, nous nous confions délibérément à son action maternelle dans la ligne de notre consécration baptismale *objective*. C'est cette consécration personnelle à la Vierge Marie qui est encouragée par le magistère.

La Vierge elle-même a « vécu » ces deux consécrations. En effet, en évoquant ce que Dieu a fait pour elle, nous reconnaissons dans son Immaculée Conception une consécration *objective reçue* qui l'unit

---

[17] JEAN-PAUL II, Exhortation apostolique *Vita Consecrata*, n° 33.

au Christ à la racine de son être – comme un baptême – et dans son dévouement au mystère de l'Incarnation et de la Rédemption, une *consécration subjective* par laquelle elle s'est offerte à Dieu. Le bienheureux Paul VI exprimait cela : « L'éminente sainteté de la Vierge Marie n'a pas été seulement un don singulier de la libéralité divine, mais encore le fruit de la correspondance incessante et ardente qu'elle a librement apportée à suivre les impulsions intérieures de l'Esprit Saint. »[18].

La consécration à Marie

Par cette consécration, il s'agit d'un abandon entre les mains de la sainte Vierge, selon deux aspects que rappelle le magistère. Selon l'aspect de *la confiance*, et selon l'aspect de *l'imitation*. Cela est profondément évangélique. C'est pourquoi le magistère l'encourage.

En effet, Marie est la Mère de Jésus parce que le Père lui a *confié* son Fils dans l'Incarnation : « Dieu, dans l'événement sublime de l'Incarnation de son Fils, s'en est remis au service, libre et actif, d'une femme. »[19]. Ensuite, Jésus lui-même s'est *confié* à elle comme un enfant se *confie* à sa mère. Et au Calvaire, le Christ, avant de mourir, nous a *confiés* à elle en la personne du disciple : « Voici ta mère ». Dès lors,

---

[18] PAUL VI, Exhortation apostolique *Signum magnum*, chapitre I, n° 4.
[19] JEAN-PAUL II, Encyclique *Redemptoris Mater*, n° 46.

nous pouvons nous *confier* à elle et nous livrer à sa sollicitude comme Jésus qui lui était soumis (Lc 2, 51). Tel est l'aspect de la *confiance*.

L'autre aspect est celui de *l'imitation*. Nous sommes invités à nous abandonner à elle pour suivre son exemple, pour l'imiter, être *comme elle*, avoir son esprit. Or, elle-même s'est livrée à Dieu en répondant à l'ange Gabriel : « Que tout se passe pour moi selon ta parole » (Lc 1, 38). Ensuite, elle nous a précédés tout au long de son pèlerinage dans la foi. « Aux privilèges reçus de Dieu elle a joint la vertu personnelle d'une foi totale et exemplaire, méritant l'éloge évangélique : "Bienheureuse toi qui as cru". »[20]. Nous pouvons l'*imiter*, car elle a été un parfait disciple du Christ : « Durant sa vie terrestre, elle a réalisé la figure parfaite du disciple du Christ » (Paul VI). Elle ne cesse donc pas de nous conduire à son Fils qui est vivant.

Or, cette *imitation* va très loin, et justifie la consécration mariale. Dans cette ligne, Paul VI citait saint Ambroise : « Que chacun ait l'esprit de Marie pour se glorifier en Dieu ». Cela incite donc « à faire clairement ressortir comment Marie, humble servante du Seigneur, est tout entière dépendante de Dieu et du Christ, notre unique Médiateur et Rédempteur. La dévotion à Marie, loin d'être une fin en elle-

---

[20] PAUL VI, Allocution à la fin de la 3e session du Concile, no 34.

même, est au contraire un moyen essentiellement destiné à orienter les âmes vers le Christ […] »[21].

Venons-en à des paroles spécifiques du magistère concernant directement la consécration à Marie.

Pie XII s'adressant aux Congrégations mariales, en 1942, disait : « La *consécration* à la Mère de Dieu est un don total de soi, pour la vie et pour l'éternité ; ce n'est pas un don de pure forme ou de sentiment, mais un don effectif, accompli dans l'intensité de la vie chrétienne et mariale […] par le débordement spontané d'une vie intérieure surabondante, qui se reverse en toutes les œuvres extérieures d'une solide dévotion, en celles du culte, de la charité et du zèle ». Il ajoutait : « L'acte de *consécration* à Marie implique que l'on s'applique à se sanctifier soi-même, à sanctifier les autres et à défendre l'Église du Christ. Nous sommes loin de l'idée d'une simple forme de piété tranquille ou d'une simple ligne d'action tout extérieure… »

En une autre occasion il déclarait : « Vous voulez adresser à cette glorieuse Souveraine un acte de *consécration*. Pesez toute l'importance de cet acte […] Vous invoquez sa protection et son aide sur toutes vos démarches, vous lui promettez aussi de ne rien entreprendre qui puisse lui déplaire et de conformer toute votre vie à sa direction et à ses désirs. L'amour d'une mère sait poser à ses fils les plus sévères exigences quand leur vie est en jeu. »

---

[21] *Ibid.*, no 39.

Saint Jean XXIII affirmait en 1959 : « La vie des âmes mariales s'alimente aux sources de la piété chrétienne en cherchant dans la charité la force qui les pousse à agir. En effet, elles embrassent volontiers une vie tout adonnée à la sainteté et à l'apostolat par la *consécration* à la sainte Vierge qui, de sa nature, contient l'engagement de rester fidèle à ce propos pendant toute la vie ».

Dans cette valorisation de la consécration mariale par le magistère nous reconnaissons clairement un des buts du concile Vatican II : «Faire progresser la vie chrétienne de jour en jour chez les fidèles. »[22].

La consécration de la ville de Luxembourg 1666

L'histoire merveilleuse que nous allons brièvement retracer peut se résumer en quatre éléments : une croix, une statue, un pèlerinage et un livre.

Une croix. Tel est le véritable point de départ de ce qui concerne le culte de Marie Consolatrice des Affligés. Nous sommes en plein XVIIe siècle. Le Père Jacques Brocquart, jésuite, (né à Thionville 1588, † 1660) accompagné de quelques étudiants de la Congrégation mariale du collège des Jésuites, fondé en 1603, à Luxembourg, inaugure le 8 décembre 1624 une procession. Ils associèrent une statue de la Vierge à une grande croix, plantée le 21 novembre

---

[22] PAUL VI, Constitution sur la sainte liturgie *Sacrosanctum concilium*, n° 1.

précédent à l'extérieur des remparts de la ville, sur le Glacis. Comme le Duché de Luxembourg était alors une entité des Pays-Bas espagnols, l'invocation de la Consolatrice recourt à sa sollicitude pour le maintien du peuple dans la foi catholique menacée par l'influence de la Réforme protestante. En outre, le pèlerinage est une imploration pour détourner les fléaux de la peste (1604 et 1612), de la famine et de la guerre.

Dès l'abord, on pressent la signification de cet objet saint : Marie est associée à la croix. C'est le mystère du calvaire présenté par saint Jean ; et cela se passe à l'extérieur de la ville, comme à Jérusalem pour le Christ. C'est l'évangile de la fête de Notre-Dame de Luxembourg.

Une statue : c'est celle que nous voyons à la cathédrale. Elle est en tilleul : c'est une Vierge sous les traits de la Femme de l'Apocalypse, ayant le croissant de lune sous les pieds. Elle est toujours revêtue d'un manteau parfois très orné. Mgr Fernand Franck lui a offert la croix pectorale du jour de son ordination épiscopale (2 février 1991). N'oublions pas que cette statue était associée à la croix de procession. Une description la présente ainsi : « Tous les détails de la statue concourent à relever la pureté de la forme : le front bombé, les yeux de douceur tendrement baissés, le menton prononcé, la riche chevelure retombant en cascade sur les épaules et le dos. Les mains sont fermes, admirablement sculptées qui savent tenir le sceptre et l'Enfant en un geste doucement précis et respectueusement délicat. » (Mgr Léon Lommel). Dès 1642, l'image de la Consolatrice est vénérée à Kevelaer, en Allemagne.

Un pèlerinage. Dès l'année suivante, en 1625, des pèlerins vinrent vénérer l'image sainte. Le Père Brocquart décida d'édifier une chapelle. En 1626, il fut lui-même miraculeusement guéri de la peste par l'intercession de Marie. Le 10 mai 1628, la chapelle fut consacrée et Notre-Dame fut alors vénérée sous le titre de Consolatrice des Affligés. L'afflux des pèlerins ne cessait de grossir à cause des nombreux miracles qui se produisaient dans cette chapelle du Glacis. Plus tard, elle fut remplacée par l'actuelle chapelle à un emplacement différent.

À partir de 1636, la statue fut amenée pendant 8 jours dans l'église des Jésuites. Cela occasionnait une procession d'aller et une procession de retour. En 1794, la statue resta dans l'église. Les processions, les pèlerinages et la vénération de l'image sont désormais liés. Et voici donc qu'en 1666, la Consolatrice des Affligés devint patronne de la ville de Luxembourg. En 1678, elle fut reconnue comme patronne protectrice de tout le pays.

L'autel votif dans la cathédrale date du premier centenaire de la consécration en 1766. La quinzaine de l'Octave fut instaurée en 1922 par Mgr Pierre Nommesch ; cela permet à de nombreuses paroisses et aux divers groupements d'organiser leur pèlerinage.

L'église des Jésuites devint la cathédrale en 1870. En 1922, le pèlerinage est étendu sur une quinzaine.

Un livre. En 1639, presque 30 ans avant la consécration, fut publiée une sorte de répertoire de tous les miracles obtenus grâce à l'intercession de Notre-Dame. Ce livre très apprécié existe en allemand et en français.

Conclusion

Pour revenir sur cette question de la consécration et du magistère, une réflexion de saint Jean Paul II se présente ainsi : « Au pied de la croix commence cette particulière *offrande de soi de la part de l'homme à la Mère du Christ* qui fut ensuite pratiquée et exprimée de diverses manières dans l'histoire de l'Église. »[23]. Ensuite, il attire l'attention sur ce mot *offrande*, car il y eut alors, dans l'évangile, « un rapport intime du fils avec sa mère. Et tout cela peut s'inclure dans l'expression *"offrande de soi"*. L'offrande de soi est la réponse à l'amour d'une personne et en particulier à l'amour de la mère. » Ainsi la consécration à Marie, comme offrande de soi, est la réponse normale que l'enfant donne à l'amour de sa mère. La consécration à Marie vient bien de l'Évangile.

Tout se résume en trois mots : pour Marie, par Marie et comme Marie.

---

[23] JEAN-PAUL II, Encyclique *Redemptoris Mater*, n° 45.

D'Statu vun der Neipuert:
reinterpretéiert am Wierk vum
Artist Jacques Schneider aus der Ausstellung
„Périple marial contemporain –
Zeitgenössische marianische Wegzeichen"
an der Kathedral.

Bis an die Grenzen des Landes

Auf dem Weg zur Erwählung
der Trösterin der Betrübten
zur Patronin der Stadt
und des Herzogtums Luxemburg[1]

Andreas Heinz[2]

Wir stehen an der Schwelle der Muttergottes-Oktave. Es ist dieses Jahr keine Oktave wie jede andere. Es ist die Wallfahrt zur Trösterin der Betrübten im Heiligen Jahr der Barmherzigkeit und es ist eine Jubiläumsoktave: vor 350 Jahren hat Luxemburg Maria unter dem Titel „Consolatrix Afflictorum – Tréischterin am Leed" zur Stadtpatronin erwählt. So wird die Oktave 2016 eine marianische Hoch-Zeit werden mit besonderem Profil und besonderem Glanz. Sogar der Papst nimmt daran teil, zwar nicht in eigener

---

[1] Konferenz im Haus der Begegnung der Franziskanerinnen in Luxemburg-Belair am 15. April 2016 im Vorfeld der Eröffnung der Muttergottesoktave; das Video der Konferenz ist auf www.youtube.com/catholTV zu finden.
[2] Andreas Heinz ist emeritierter Liturgieprofessor der Theologischen Fakultät Trier.

Person, aber durch seinen Sondergesandten. Papst Franziskus hat diese Mission dem Kardinal von Köln, Rainer Maria Woelki, anvertraut, der am 1. Mai die besondere Botschaft des Papstes überbringen wird.

Der Grund, weshalb Erzbischof Jean-Claude Hollerich und die Verantwortlichen der katholischen Kirche in Luxemburg der diesjährigen Oktave ein besonderes Relief geben wollen, wurde schon genannt. Es ist die Erwählung der Trösterin zur Stadtpatronin Luxemburgs am 10. Oktober 1666[3]. Ich kenne kein Ereignis, das 350 Jahre später so aufwändig und festlich kommemoriert wird wie dieses. Wer kennt heute noch den Namen des Papstes, der damals an der Spitze der Kirche stand? Es war Alexan-

---

[3] Von den zahlreichen Veröffentlichungen zu diesem Thema seien auswahlweise genannt: A. AMHERD, *Maria die Trösterin der Betrübten oder Geschichte der Verehrung Marias als der Schutzpatronin der Stadt und des Landes Luxemburg, Luxemburg 1855*, ²1986; J. MAERTZ, Entstehung und Entwicklung der Wallfahrt zur Trösterin der Betrübten in Luxemburg 1624-1666, in *Hémecht* 18 (1966), S. 7-132; A. HEINZ, Die Wallfahrt zu Maria, der Trösterin der Betrübten in Luxemburg, in ID., *Liturgie und Frömmigkeit. Beiträge zur Gottesdienst- und Frömmigkeitsgeschichte des (Erz-)Bistums Trier und Luxemburgs zwischen Tridentinum und Vatikanum II*, Trier 2008, S. 107-122, Nachdruck des Beitrags in *Hémecht* 46 (1994), S. 125-139; F. RASQUÉ, *Te Matrem praedicamus. Oktav-Prediger 1966-1996*, Bd. 1, Luxemburg 1966; J. HENGEN, Unsere Oktave, eine Doppel-Oktave, in *Dossier. Kirchlicher Anzeiger Luxemburg* 2 (1994), S. 56-64.

der VII. (1655-1667). Selbst die königsfrömmsten Royalisten in Frankreich organisieren in unseren Tagen keine Feiern zu Ehren des Sonnenkönigs von Versailles, der damals von ganz Europa angehimmelt wurde, König Ludwig XIV. (1661-1715). Vor seiner aggressiven Expansionspolitik haben seine Nachbarn gezittert, nicht zuletzt Luxemburg. Diejenigen, die damals das Sagen hatten, sind lange vergessen. Aber was vor 350 Jahren in der Stadt Luxemburg geschah, ist noch immer in frischer Erinnerung. Dieses Ereignis zieht – besonders in diesem Jubiläumsjahr – seine Kreise bis an die Grenzen des Landes.

Wenn von den Grenzen des Landes die Rede ist, denken die Luxemburger von heute unwillkürlich an ihr Ländchen, an das nach drei Amputationen klein gewordene Großherzogtum. Es ist das Kernland des alten Herzogtums. Die Grenzen des Landes verlaufen heute durch die Täler der Our, Sauer und Mosel. Sie reichen nicht mehr bis Diedenhofen beziehungsweise Thionville, bis Longwy, Arlon (Arel) und Bastogne. Seit Luxemburg um die Mitte des 19. Jahrhunderts endgültig seine Souveränität in den heutigen Landesgrenzen erlangt hat, ist die Verehrung der Stadt- und Landespatronin mehr denn je zu einer nationalen Andacht geworden. Sie schließt die Menschen aus den Regionen des selbstständigen Großherzogtums und heutigen Erzbistums unter dem Schutzmantel der Trösterin eng zusammen und lässt sie besonders in schweren Zeiten fest zusammenstehen.

Es ist verständlich, aber doch auch bedauerlich, dass die Luxemburger Historiker, von wenigen Ausnahmen abgesehen, ihre Recherchen und Darstellungen in einer stillschweigenden Selbstbeschränkung gewöhnlich an den heutigen nationalstaatlichen Grenzen Luxemburgs enden lassen. Als Maria zur Patronin der Stadt erwählt wurde, waren die Areler und die Leute von Bastogne, die Neuerburger und die Bürger von Bitburg auch noch Luxemburger, nicht weniger als die Bewohner von Echternach, Remich oder Diekirch. Wir müssen deshalb das Ereignis von 1666 – und das gilt erst recht für die 12 Jahre später erfolgte Landesweihe vom 20. Februar 1678[4] – in den größeren Rahmen des alten Herzogtums hineinstellen. Auch die heute jenseits der modernen Grenze liegenden altluxemburgischen Gebiete waren von jenem Ereignis tangiert. Auch sie haben ihre Bausteine eingefügt in das Heiligtum der *Patrona Civitatis et Patriae Luxemburgensis*.

Was vor 350 Jahren geschah, war ein Gipfel-Ereignis in der Geschichte des Luxemburger Landes. Gipfel-Ereignisse fallen nicht vom Himmel. Gipfel und Wipfel gibt es nur, wenn tiefe Wurzeln den Baum tragen. Der Erwählungsakt vom 10. Oktober

---

[4] *Cf.* M. SCHMITT, Die Erwählung Marias zur Landespatronin im Jahre 1678, in *Hémecht* 30 (1978), S. 161-183; A. HEINZ, Die Verehrung der Trösterin der Betrübten in den altluxemburgischen Gebieten der Eifel und an der Obermosel, in *Hémecht* 30 (1978), S. 233-258, hier S. 245-249.

1666 wurzelte tief im Mutterboden des damals neu erstarkten Katholizismus nach dem Reformkonzil von Trient (1545-1563). In Frontstellung zum Protestantismus wurde im Zeitalter der Konfessionalisierung auf katholischer Seite die Marienfrömmigkeit stark betont. Luxemburg stand damals unter spanischer Herrschaft. König Philipp II. (1556-1598) trat energisch für die katholische Sache ein[5]. Diese Linie setzte seine Lieblingstochter Isabella († 1633), die mit Albert, dem Erzherzog von Österreich, verheiratet war, unbeirrt fort, als die beiden von Brüssel aus als Generalstatthalter der Niederlande auch das Herzogtum Luxemburg regierten. Die Marienverehrung des frommen Herrscherpaares zeigte sich vor allem darin, dass sie den Wallfahrtsort Scherpenheuvel oder Montaigu in Brabant auszeichneten und förderten. Alljährlich pilgerten sie dorthin. Sie ließen über dem dortigen Gnadenbild, einer aus Eiche geschnitzten Statue der Muttergottes mit dem Jesuskind, die barocke Rundkapelle gleichsam als prächtigen Schrein für das nach spanischer Art bekleidete Gnadenbild errichten. Montaigu war nicht ohne Einfluss auf die spätere Luxemburger Andacht zur „Trösterin der Betrübten", auch wenn der Wallfahrtsort jenseits der Grenzen des Herzogtums Luxemburg und der Grafschaft Chiny lag.

---

[5] *Cf.* L. JUST, *Das Erzbistum Trier und die Luxemburger Kirchenpolitik von Philipp II. bis Joseph II.*, Leipzig 1931.

Andreas Heinz

Auch innerhalb dieser Grenzen gab es alte Verehrungsstätten der Mutter Jesu, die in nachtridentinischer Zeit neu aufblühten. Denken wir an die Girsterklause bei Rosport im Sauertal, an die „schwarze Notmuttergottes" in Luxemburg-Grund, an die Marienkapelle von Vianden, vor allem aber an Avioth im heute französischen Lothringen. Das dort verehrte spätmittelalterliche Marienbild trägt den Titel „Souveraine du Luxembourg". Es steht mit diesem Titel noch immer im Chor der gotischen Kathedrale, die – wie vom Himmel gefallen – inmitten der wenigen Bauernhäuser und Gehöfte majestätisch aufragt. Nach dem „Pyrenäischen Frieden" von 1659 wurden Avioth und das Umland von Luxemburg abgetrennt und Frankreich zugeschlagen. Man hat vermutet, der Verlust von Avioth mit seinem Kult der „Souveraine du Luxembourg" habe die Jesuiten in Luxemburg bewogen, gleichsam als Ersatz die Erhebung der „Trösterin der Betrübten" zur Stadtpatronin von Luxemburg zu betreiben. Mgr. Jean Hengen, der frühere Erzbischof und ein kompetenter Kenner der Luxemburger Wallfahrtsgeschichte, war der Meinung, dass der Stadtmagistrat diese „Lücke" 1666 habe schließen wollen[6]. Doch die Voraussetzung dieser Annahme, dass nämlich die neue Grenze von 1659 den Luxemburgern den Zugang

---

[6] *Cf.* J. HENGEN, Die Oktave, eine nationale Andacht, in *Dossier. Kirchlicher Anzeiger Luxemburg* 5 (1995), S. 82-87.

  Sech Hir schenken

nach Avioth erschwert, ja geradezu „unmöglich" gemacht hätte, trifft nicht zu. Avioth blieb weiterhin ein Pietätszentrum für die ganze Region. Zu beachten ist auch, dass die neuen politischen Grenzen keine Auswirkungen auf die kirchliche Gliederung hatten. Avioth und sein Umland gehörten weiterhin – wie der größte Teil des Herzogtums Luxemburg – zum alten Erzbistum Trier[7].

Das Stichwort „Jesuiten" ist gefallen. Daran besteht kein Zweifel: Die Andacht zu Maria, der Trösterin der Betrübten in Luxemburg, ist ein bleibendes Geschenk der Jesuiten an das Land. Die Väter der Gesellschaft Jesu hatten sich 1594 in der Stadt Luxemburg definitiv niedergelassen[8]. Im Geist ihres Stifters, des hl. Ignatius von Loyola († 1556), waren sie eifrige Marienverehrer. In ihrem Luxemburger Gymnasium errichteten sie nach dem Beispiel anderer Jesuitenkollegien 1604 die Marianische Sodalität[9].

---

[7] *Cf.* etwa die Visitationsakten des Archidiakonats Longuyon: J. B. KAISER, *Das Archidiakonat Longuyon am Anfang des 17. Jahrhunderts. Visitationsbericht von 1628-1629*, 2 Bde., Heidelberg 1928/1929, hier Bd. 1, S. 178-181.

[8] *Cf.* B. SCHNEIDER, Katholische Reform, Konfessionalisierung und spanische Kirchenpolitik. Zur Entstehung des Luxemburger Jesuitenkollegs zwischen 1583 und 1603, in *Hémecht* 46 (1994), S. 17-36.

[9] *Cf.* B. SCHNEIDER, Volksfrömmigkeit, Katholische Reform und die Sodalitäten und Bruderschaften der Jesuiten im Herzogtum Luxemburg im 17. und 18. Jahrhundert, in *Hémecht* 46 (1994), S. 141-163, hier S. 143-150.

In der Hauskapelle des Kollegs wurde eine Marienstatue aufgestellt, und zwar eine Nachbildung des Gnadenbildes von Montaigu[10]. Verständlicherweise wollten die Jesuiten in der Hauptstadt der südlichsten Provinz der spanischen Niederlande gerade dieses Marienbild bekannt machen und zu Ehren bringen, das dem ihnen sehr gewogenen Herrscherpaar Albert und Isabella so viel bedeutete. Wir brauchen aber hier der Geschichte dieser Marienstatue in der Hauskapelle der Luxemburger Jesuiten nicht weiter nachzugehen. Die Zukunft gehörte einer anderen, aus Lindenholz geschnitzten Marienstatue, deren Herkunft bis heute nicht restlos geklärt ist. Es ist das heutige Gnadenbild der Consolatrix Afflictorum in der Kathedrale. Inmitten des prächtigen Oktavaltars wird es vom vierten bis sechsten Ostersonntag wieder im Zentrum der zweiwöchigen Marienwallfahrt stehen.

Es ist allgemein bekannt, wie es angefangen hat mit dieser Wallfahrt[11]. Am 8. Dezember 1624, dem Fest Mariä Empfängnis, führte der aus Diedenhofen beziehungsweise Thionville stammende Jesuitenpater Jacques Brocquart eine Prozession von Schülern des

---

[10] *Cf.* A. HEINZ, Die Wallfahrt zu Maria, *op. cit.*, S. 109; zu Montaigu in Brabant *cf.* A. BONI, *Scherpenheuvel, basiliek en gemeente in het kader van de vaterlandse geschiedenis*, Antwerpen 1953.

[11] *Cf.* J. MAERTZ, Entstehung und Entwicklung der Wallfahrt, *op. cit.*, S. 53 *sq.*; A. HEINZ, Die Wallfahrt zu Maria, *op. cit.*, S. 109-111.

Kollegs vor die Festungsmauern der Stadt. Sodalen der Marianischen Kongregation trugen eine Statue der Immaculata, das heutige Gnadenbild. Die Statue wurde am Fuß eines Kreuzes aufgestellt, das wenige Wochen zuvor dort errichtet worden war. Der Bildstock in Stadtnähe wurde von vielen aufgesucht. Schon im folgenden Jahr begann man auf Drängen P. Brocquarts SJ mit dem Bau einer Kapelle[12]. Ihre Fundamente wurden kürzlich wiedergefunden[13]. Die Präsenz hoher geistlicher und weltlicher Persönlichkeiten bei der Grundsteinlegung[14] zeigt, wie diesem Vorhaben von Anfang an ein expansives Potential innewohnte, das bis an die Grenzen des Landes reichte. Die ersten Steine legten die beiden anwesen-

---

[12] *Cf.* F. RASQUÉ, *Te Matrem*, *op. cit.*, S. 23-28; nach der Zerstörung der ursprünglichen Glaciskapelle infolge der Französischen Revolution im Jahre 1796 wurde die neugotische Kapelle 1884 als Ersatz errichtet; *cf.* J. HENGEN, Wie kam es zum Bau der heutigen Glaciskapelle?, in *Dossier. Kirchlicher Anzeiger Luxemburg* 5 (1995), S. 87 *sq.*

[13] 3. April 2016.

[14] Eine Schilderung der Grundsteinlegung im Luxemburger „Mirakelbuch"; *cf.* Wunderwerck und gnadenreiche Handlungen So Vnsere liebe Fraw die Trösterin […] erzeigt, Trier ²1648, S. 12; das einzige bekannte Exemplar dieser für die Anfänge der Luxemburger Marienwallfahrt wichtigsten Quelle befindet sich in der Stadtbibliothek Trier (Sign. T 160); *cf.* die Beschreibung der Schrift bei J. MAERTZ, Entstehung und Entwicklung der Wallfahrt, *op. cit.*, S. 76-87; zum Ereignis: *cf.* A. HEINZ, Die Verehrung der Trösterin der Betrübten, *op. cit.*, S. 236 *sq.*

den Äbte, Abt Pierre Roberti von der Münsterabtei, und Abt Johann Agritius Reckingen von St. Maximin in Trier, der als das Haupt des luxemburgischen Klerus angesehen wurde. Die Spitze des Adels repräsentierte Graf de Berlaymont, der damalige Gouverneur des Herzogtums (1604-1626). Anwesend war auch Graf Philipp Dietrich von Manderscheid-Oberkail aus der luxemburgischen Eifel. Nimmt man den Initiator der Unternehmung, Pater Jacques Brocquart aus Thionville, hinzu, sehen wir, wie von Anfang an alle Teile des Landes ihren Stein eingefügt haben in das werdende Heiligtum der „Trösterin der Betrübten" auf dem Glacis-Feld. Die Marienkapelle wurde, wie Dompropst Professor Georges Hellinghausen jüngst treffend gesagt hat, zu einem „mythischen Ort". Sie war bis zu ihrer Profanierung und Zerstörung infolge der Französischen Revolution nahezu zwei Jahrhunderte lang die Heimstatt des Gnadenbildes der Trösterin. Am 10. Mai 1628 hatte der Trierer Weihbischof Georg von Helffenstein (1599-1632)[15] die Kapelle eingeweiht. Derselbe Weihbischof, als Germaniker ein Jesuitenschüler, hatte sieben Jahre zuvor auch die neu erbaute Jesuitenkirche, die heutige Kathedrale, konsekriert. Bei der Einweihungsfeier der Marienkapelle wird gewiss daran erinnert worden sein, dass die erste heilige Messe schon

---

[15] *Cf.* W. SEIBRICH, *Die Weihbischöfe des Bistums Trier*, Trier 1998, S. 90-95 (Veröffentlichungen des Bistumsarchivs Trier 31).

am 5. August des Vorjahres, am Fest „Maria Schnee"
1627, vor dem Bild der Consolatrix dort gefeiert
worden war. Darin hatte P. Brocquart seinen Dank
öffentlich der Mutter Jesu dargebracht, weil sie ihn –
davon war er fest überzeugt – in der Todesgefahr
der Pesterkrankung, die auch ihn im Jahr zuvor be-
fallen hatte, gerettet hatte.

In dieser Zeit großer Not bekamen die Kapelle
auf dem Glacis und das dort verehrte Gnadenbild
auch seinen Namen. Darüber liest man in dem von
den Luxemburger Jesuiten herausgegebenen „Mirakelbuch"[16]. „Derohalben haben die Patres rathsam
eracht, der Capell zu geben den Nahmen Unser Lieben Frawen der Trösterin/damit das volck in allen
seinen nöthen/kranckheiten und beschwerden ein
tröstlich artzney und beystandt daselbst finden könn-
te/wie es dann wircklich geschehen durch Gottes
gnad und seiner Heiligen Mutter/denen deßhalben
danck und lob sey in ewigkait."

Zum Ruhm der neuen Marienwallfahrt werden in
dem genannten Büchlein alle Gebetserhörungen und
Krankenheilungen beschrieben. Es fällt auf, dass alle
„Wunderwerck" der Trösterin, die in dem Jahrzehnt
zwischen der Einweihung der Kapelle und ihrer Ver-
größerung im Jahre 1640 registriert wurden, sich
mit nur einer Ausnahme – alle an Hilfesuchenden
aus der Stadt Luxemburg ereignet haben. Das zeigt,

---

[16] *Cf.* Wunderwerck, *op. cit.*, hier S. 14 *sq.*

dass die Verehrung der Trösterin der Betrübten in jenen Jahren hauptsächlich eine Sache der Einwohner der Festungsstadt blieb. Dort war diese Andacht aber nicht bloß eine Sache der Alten, Gebrechlichen, Kranken, Hoffnungslosen und Verzweifelten. Die neue Andacht fand auch ein Echo in den Herzen der jungen Leute. Denken wir daran, dass es Schüler und Studenten des Jesuitenkollegs waren, welche die Immaculata-Statue am 8. Dezember 1624 zu ihrem Verehrungsort vor die Festungsmauern der Stadt getragen haben. Es war zudem die weibliche Jugend Luxemburgs in der Schule der Schwestern der „Congrégation de Notre-Dame", die bewusst die Andacht zur Trösterin pflegten. Patres der Gesellschaft Jesu waren bei den Schwestern, die von der Familie Wiltheim aus Lothringen nach Luxemburg gerufen worden waren, als Seelsorger tätig. Einer von ihnen, der aus Irland stammende Dominikus Nugent, ließ in Köln ein Liederbüchlein drucken[17]. Er widmete es der „edlen und lieben Jugendt" der Stadt Luxemburg, namentlich den von den Schwestern der „Kongregation" betreuten Mädchen. In dem erwähnten Liederbuch gibt es zwei eigens zur Verehrung der Trösterin gedichtete Gesänge, ein deutsches und ein lateinisches Lied. Über dem lateinischen Gesang

---

[17] *Cf.* A. HEINZ, Zwei vergessene Gesänge zur „Trösterin der Betrübten" in einem Jesuitengesangbuch des 17. Jahrhunderts, in *Hémecht* 38 (1986), S. 63-80.

                    Sech Hir schenken

steht die Überschrift: „Ad S. Mariam, matrem Jesu, Consolatricem Afflictorum Luxemburgensem – Zur heiligen Maria, der Mutter Jesu, der Trösterin der Betrübten zu Luxemburg"[18]. Wir dürfen uns vorstellen, dass die Schülerinnen der „Congrégation de Notre-Dame" diesen Mariengruß „Salve mater gratiosa – Sei gegrüßt, du Gnadenmutter" in der Glaciskapelle mehr als einmal gesungen haben. Das Lied kam zu unerwarteten Ehren und zu einer weltweiten Bekanntheit, als es 1987 zur Hymne des 17. Marianischen Weltkongresses in Kevelaer erklärt wurde[19]. Auf Deutsch lautet die 3. Consolatrix-Strophe[20]:

Trösterin in allen Leiden Jungfrau,
woll' uns gnädig sein.
Engel dienend dich begleiten,
singen von der Milde dein.
Frau voll Güte, uns behüte.
Zeig' dich allen wunderbar.
Schaden wende, Segen spende
Deinen Dienern immerdar.

Ein bekannter Spruch sagt: Wer die Jugend hat, hat die Zukunft! Die Verwurzelung der Marienfrömmigkeit in den Herzen der jungen Menschen

---

[18] *Cf. ibid.*, S. 73 *sq.* (lateinischer Text und deutsche Nachdichtung).

[19] *Cf.* G. ROVIRA (Hg.), *Maria, Mutter der Glaubenden. Dokumentation des Rahmenprogramms zum 17. Marianischen Weltkongreß*, Essen 1989, S. 528.

[20] *Ibid.*; A. HEINZ, Zwei vergessene Gesänge, *op. cit.*, S. 74.

war eine zukunftsweisende Investition im Hinblick auf die marianischen Gipfel-Ereignisse von 1666 und 1678.

Die Frage stellt sich: Blieb die Verehrung der Trösterin in diesen frühen Jahren auf die Stadt beschränkt, oder hat sie schon damals ausgestrahlt bis an die Grenzen des Landes? Wir hatten gesehen, dass bei der Grundsteinlegung der Gnadenkapelle die höchsten Repräsentanten des Herzogtums zugegen waren. Aber die von den Jesuiten bis 1639 protokollierten Gnadenerweise in der Glacis-Kapelle betrafen mit einer Ausnahme nur Bittsteller aus der Stadt. Die Kunde von der neuen Wallfahrt war um diese Zeit tatsächlich aber auch schon in die entlegeneren Landesteile gedrungen. Das geschah zunehmend, als die Schrecken des Dreißigjährigen Krieges Luxemburg heimsuchten[21].

Das Herzogtum war bis um die Mitte der 1630er Jahre vom Kriegsgeschehen, das bekanntlich 1618 begonnen hatte, einigermaßen verschont geblieben. Damit war es vorbei, als Graf Christoph von Embden, Gouverneur von Luxemburg, am 23. März 1635 die von den Franzosen besetzte Stadt Trier angriff und nach blutigen Straßenkämpfen eroberte. Frankreich erklärte wenig später Spanien den Krieg. Brüs-

---

[21] *Cf.* P. SCHILTZ, Les répercussions de la Guerre de Trente Ans au Luxembourg, in *Hémecht* 55 (2003), S. 137-195, S. 309-374.

sel konfrontierte in der Folgezeit den Provinzialrat in Luxemburg pausenlos mit immer höher geschraubten Kriegskontributionen. Diese drückenden Steuern in der ärmsten Provinz der Niederlande einzutreiben, wurde fast gänzlich unmöglich, seit eine Unmenge von Soldaten sich im Land breitmachte. Kaiser Ferdinand II. hatte den verbündeten Spaniern Truppen zur Verteidigung des Landes gegen französische Einfälle geschickt. Im Winter 1635/36 kamen 8000 „Polacken", wie die Quellen sie nennen, dazu noch viele Kroaten und Söldner anderer Nationalitäten. Sie blieben auf Distanz zu den Franzosen, drangsalierten dagegen die einheimische Bevölkerung, die sie an sich beschützen sollten. Die Kaiserlichen trieben es schlimmer als die schlimmsten Feinde. In wiederholten Eingaben schilderte der Provinzialrat den Verantwortlichen in Brüssel das unsägliche Leid der Bevölkerung. Man bettelte förmlich um den Abzug der fremden Soldaten – vergeblich.

Wir sind heute zu Recht entsetzt über die Gräueltaten der islamistischen Terroristen in Libyen, im Jemen, in Syrien und im Irak. Was 1636 im Luxemburger Land Christen Christen angetan haben, war nicht weniger grauenhaft. Wenn es hieß: „Soldaten sind im Anmarsch!" flohen die Leute mit ihrem Vich und ihren Habseligkeiten in die nächste befestigte Burg oder in dichte Wälder. Die Soldaten raubten und plünderten, was ihnen in die Hände fiel. Sie steckten die leeren Dörfer in Brand. Nach dem Motto: „Der Krieg ernährt sich selbst" erpressten sie von den Bauern nicht nur das Futter für ihre Pferde, sondern nahmen ihnen auch mit brutaler Gewalt das Vieh aus dem Stall, die Schafe von der Weide, das letzte Korn vom Speicher und den Rest Heu aus der Scheune. Selbst die Zugtiere nahm man den Leuten weg, so dass die Felder nicht bestellt werden konnten. Die „Polacken" und Kroaten praktizierten die schrecklichsten Folterungen, wenn sie Wertsachen suchten. Es verschlägt einem die Sprache, wenn man in den offiziellen Berichten des Provinzialrates nach Brüssel liest: Frauen und Mädchen wurden vergewaltigt, Bauern in Schornsteinen aufgehängt, bis sie im Rauch erstickten, die Leute wurden mit Knüppeln und Spießen traktiert, Körperteile wurden ihnen abgeschlagen, durchstochen oder mit glühendem Eisen verbrannt. Menschen wurden regelrecht am offenen Fenster „gegrillt"; man hat Gefesselten ein durchlöchertes Kuhhorn in den Mund gesteckt und dann heißes Wasser oder Jauche hineingegossen. Wir wollen uns die Schilderung weiterer Unmenschlichkeiten ersparen. Noch Jahrzehnte später hat man im Luxemburger Land mit Schauder vom „Kroatenwesen" gesprochen.

Als ob der Leiden noch nicht genug gewesen wären, kam im Winter 1635/36 die schlimmste Pestepidemie hinzu, die Europa je gesehen hatte. Der Schwarze Tod wütete vom Rhein bis zum Atlantik. In Luxemburg starben ganze Dörfer aus. Von Mai bis Oktober erlagen der Seuche in der Münsterabtei Abt Peter Roberti, sechs Mönche, drei Laienbrüder und ein Novize[22]. In einem Bericht aus Bettemburg lesen wir[23]: Infolge der in den Grenzen dieses Landes eingerissenen Sterblichkeit ist im Dorf Bettemburg und in der Pfarrei Abweiler kein Kirchensehner am Leben geblieben (davon gab es in der Regel pro Pfarrei sieben); der Pastor Nikolaus Masius aus Echternach hat sich wegen der desolaten Zustände nach Luxemburg salviert. Der Bevölkerungsverlust war enorm. Aus Küntzig (Clémency) hören wir, dass es dort in normalen Zeiten 40 abgabenpflichtige Häuser gab. Doch infolge der Grausamkeiten der Soldaten und der Pest war das Dorf 18 Jahre lang völlig menschenleer geblieben; die Felder lagen brach[24].

Im Herbst 1636 ließ das große Sterben in der Stadt Luxemburg nach. Ein besonders trauriges Nachspiel blieb: Das waren die vielen Kinder, deren Eltern Opfer der Pest geworden waren und die nun mittellos und ausgehungert in den Straßen vegetierten. Der Provinzialrat suchte sie bei Pflegeeltern unterzubringen, wo sie leider oft nichts Gutes erwartete.

Weil keine irdische Instanz imstande war, dieses grenzenlose Leid zu lindern und zu mindern, suchten die Menschen Hilfe von oben. Im Pestjahr 1636

---

[22] *Cf. ibid.*, S. 146.
[23] *Cf. ibid.*, S. 150.
[24] *Cf. ibid.*, S. 148.

gab ein Luxemburger Jesuit mit großem Erfolg ein Büchlein heraus, das den hl. Hadrian als kräftigen Helfersheiligen gegen die Pest empfahl[25]. Aber auch die „Trösterin der Betrübten" in der Glacis-Kapelle wird in jenen Wochen und Monaten eine Zuflucht für viele gewesen sein. Nicht nur für die Bewohner der Stadt, nein, bis an die Grenzen des Landes.

Das beweist die Marienkapelle bei Dasburg an der Our[26]. In diesem romantischen Dorf an der heutigen deutsch-luxemburgischen Grenze lebte damals auf der Burg der Kastellan und oranische Rentmeister Jakob Biwer. Er war verheiratet mit Susanna, einer geborenen Wiltheim. Es war die gleiche stadtluxemburgische Familie, die sich die größten Verdienste um die Andacht zur Trösterin erworben hat. Zwei Jahre nach der großen Pestepidemie ließ das Ehepaar Biwer-Wiltheim auf einem Felsen über Dasburg eine Marienkapelle errichten, und zwar „pro avertenda peste – zur Abwehr der Pest". Allem Anschein nach ahmte der Rundbau dieser Marienkapelle die Rotunde des Luxemburger Heiligtums der Trösterin nach. Ähnliches beobachten wir in Oberkail. Der Ort liegt im heutigen Kreis Bitburg-Prüm. Er war der Resi-

---

[25] *Cf. ibid.*, S. 146; G. HARDIGNY, *La vie et les miracles de Saint Adrian, patron singulier contre la contagion, avec quelques autres petits traites que la page suivante montrera, fort utiles en temps de peste et hors d'icelle*, Luxemburg 1636.
[26] *Cf.* A. HEINZ, Die Verehrung der Trösterin der Betrübten, *op. cit.*, S. 242 *sq.*

denzort der Grafen von Manderscheid-Kail. Wir hatten gesehen, dass Graf Philipp Dietrich von Manderscheid-Kail (1613-1653) bei der Grundsteinlegung der Glacis-Kapelle anwesend war. Der Graf wurde, nachdem Graf Embden an der Pest gestorben war, am 23. März 1636 zum Gouverneur des Herzogtums Luxemburg ernannt. Als solcher hat er sich allerdings nicht besonders pflichtbewusst und ehrenvoll verhalten. Er hat sich bald abgesetzt. Der Gouverneur ließ Stadt und Land im Stich und zog sich auf sein Schloss in Oberkail zurück, wo er versuchte, seine Besitzungen gegen Freund und Feind zu sichern. Wahrscheinlich hat ihn auch die Angst vor der Pest die Flucht aus der Stadt ergreifen lassen. Bezeichnend ist jedenfalls, dass er wenig später auf einem Hügel oberhalb seines Residenzortes eine Kapelle errichten ließ[27]. Der Zentralbau war höchstwahrscheinlich dem Rundbau der Glacis-Kapelle in Luxemburg nachempfunden. Kapellenpatronin wurde Maria, allerdings unter dem Titel „Mater dolorosa – Schmerzensmutter"; als Nebenpatrone kamen hinzu die Pestheiligen Sebastian und Rochus sowie, was besonders auffällt, Hadrian und seine Tochter Natalia, also gerade jener Heilige, der als besonders

---

[27] *Cf.* E. WACKENRODER, *Die Kunstdenkmäler des Kreises Wittlich*, Düsseldorf 1934, S. 240-243; E. RECH *et al.*, *Oberkail. Geschichte eines Dorfes in der südlichen Eifel*, Oberkail (Neuerburg) 2001, S. 65-69 (Graf Philipp Dietrich), S. 203-210 (Frohnert-Kapelle).

kräftiger Helfer gegen die Pest 1636 von einem Luxemburger Jesuiten empfohlen worden war. Das Hadriansfest am 8. September wurde in der Folgezeit sogar zum Hauptfest der Kapelle und der Hügel erhielt den Namen Adriansberg[28]. Heute ist die Frohnert-Kapelle ein stimmungsvolles Marienheiligtum. Als ich dort das erste Mal die allwöchentliche Pilgermesse feierte, hörte ich zu meiner Verwunderung und Freude die Leute am Ende das Luxemburger Oktave-Lied „Wie unsre Väter flehten zu dir, o Trösterin!" singen.

In Kevelaer am Niederrhein ist ein 1642 dorthin gebrachtes Andachtsbildchen der Trösterin zum Ausgangspunkt der bekannten, bis heute blühenden Marienwallfahrt geworden. Doch Kevelaer liegt außerhalb der luxemburgischen Landesgrenzen und soll deshalb hier unberücksichtigt bleiben. Innerhalb der Grenzen des alten Herzogtums liegt aber ein weiteres frühes Tochterheiligtum der „Trösterin der Betrübten". Es ist die Marienkapelle über dem Dorf Igel bei Wasserbillig[29]. Sie wurde 1653 bewusst nach

---

[28] *Cf.* A. HEINZ, Eremitagen im trierisch-luxemburgischen Grenzraum als Ziel von Pflichtprozessionen im 18. Jahrhundert, in J. C. MULLER, *Annales de l'Est* (Reihe „Les amis de l'histoire"), Luxemburg 2003, S. 85-108, hier S. 97-102 (Frohnert-Kapelle).

[29] *Cf.* A. HEINZ, Die Verehrung der Trösterin der Betrübten, *op. cit.*, S. 244; M. FALTZ, *Unsere liebe Frau von Luxemburg im Ausland*, Luxemburg 1958, S. 71-76.

dem Vorbild der Glacis-Kapelle erbaut und am 29. September des genannten Jahres von dem damaligen Trierer Weihbischof Otto von Senheim (1633-1662)[30] eingeweiht, und zwar zu Ehren der „Allerheiligsten Jungfrau Maria, der Trösterin der Betrübten". Die in der Kapelle aufgestellte Marienstatue war eine Nachbildung des Luxemburger Gnadenbildes.

Als diese Igeler Wallfahrtskapelle entstand, hatte das Luxemburger Heiligtum sein Aussehen schon verändert. 1640 war die Kapelle durch den Anbau eines rechteckigen Schiffes erweitert worden. Das dürfte mit dem plötzlichen Anstieg des Pilgerzustroms zusammenhängen. Im September 1639 hatte sich nämlich eine aufsehenerregende Heilung ereignet[31]. Sie war einer der ersten Familien des Landes zuteil geworden. Johanna, die Tochter von Adrian Goudius, dem Generalprokurator des Luxemburger Provinzialrates, war stumm. In der Gnadenkapelle löste sich während der Wandlung in der Messe, der das Mädchen beigewohnt hatte, seine Zunge und es konnte plötzlich sprechen. Seine ersten Worte waren „Jesus" und „Maria". Von diesem Ereignis sprach man bis an die Grenzen des Landes. Nun kamen die Pilger aus allen Teilen des Herzogtums. Die Kapelle

---

[30] *Cf.* W. SEIBRICH, *Die Weihbischöfe des Bistums Trier, op. cit.*, S. 96-102.
[31] *Cf.* Wunderwerck, *op. cit.*, S. 15-22; A. HEINZ, Die Wallfahrt zu Maria, *op. cit.*, S. 111 *sq.*

wurde vergrößert. Weihbischof Otto von Senheim weihte den Neubau am 5. Juli 1640. Vom Anfang jenes Jahres bis zum September ließen die Jesuiten als Hüter des Heiligtums nicht weniger als 34 Gebetserhörungen oder „Wunderwerck" notariell beglaubigen. Die Geheilten kamen nun nicht mehr bloß aus der Stadt, sie kamen aus Orten des ganzen heutigen Großherzogtums, etwa aus Bourscheid, Consthum, Echternach, Grevenmacher, Koerich, Medernach, Schüttringen, Wasserbillig, aber auch aus der luxemburgischen Eifel[32], etwa aus der Stadt Neuerburg, aus Kruchten bei Neuerburg in der Grafschaft Vianden, aus Ferschweiler, Peffingen, Schankweiler oder aus Metzdorf an der Sauer, selbst aus der Stadt Trier und aus Piesport an der Mittelmosel. Die Annalen des Luxemburger Heiligtums nennen in den folgenden Jahren weitere Ortschaften: Bollendorf, Ouren, Lambertsberg bei Waxweiler, Gindorf bei Kyllburg, auch Orte aus der Gegend um Münstereifel, wo die Jesuiten eine Niederlassung hatten und die Luxemburger Wallfahrt bekannt machten. In den Annalen des dortigen Jesuitenkollegs wird 1641 berichtet[33], die Verehrung der Mutter Jesu habe merklich zugenommen „durch ein Büchlein über die Wunder der luxemburgischen Muttergottesstatue, das verschie-

---

[32] *Cf.* A. HEINZ, Die Verehrung der Trösterin der Betrübten, *op. cit.*, S. 238-242.
[33] *Cf.* A. HEINZ, Die Wallfahrt zu Maria, *op. cit.*, S. 112 *sq.*

denen Ordenshäusern und Sodalitäten zum Lesen gegeben wurde". Manche seien dadurch bewegt worden, „die so wundersame Kapelle (in Luxemburg) zu besuchen". Die Jesuiten in Neuß am Niederrhein vermittelten Bittstellern Wachs von den Kerzen, die im Heiligtum der Trösterin in Luxemburg gebrannt hatten. Es befreite angeblich von Kopfschmerzen und vertrieb das Fieber. Pilger nahmen als Heilmittel nicht nur das Wachs der Altarkerzen, sondern auch Öl aus den Ampeln oder Blütenblätter vom Altarschmuck mit nach Hause.

Zur Verwurzelung der Luxemburger Marienandacht bis an die Grenzen des Landes trug nicht zuletzt die Gründung einer Bruderschaft unter dem Titel „Mutter Jesu, Trösterin der Betrübten" bei[34]. Der Stifter der Wallfahrt und erste Direktor der Gnadenkapelle, P. Jacques Brocquart SJ, rief diese Bruderschaft 1651 ins Leben. Von den Bruderschaftsmitgliedern wurde erwartet, dass sie in der Wohnung ein Bild der Trösterin anbrachten und davor die täglichen Gebete verrichteten. An allen hohen Herren- und Marienfesten sollten sie beichten und kommunizieren. Sie sollten ein „Agnus Dei" bei sich tragen sowie einen Rosenkranz und eine Medaille mit dem Bild der Trösterin besitzen. Die Weihe an die Tröste-

---

[34] *Cf.* J. BIRSENS SJ, Die Bruderschaft der Jesuiten in Luxemburg im 17. und 18. Jahrhundert (II), in *Hémecht* 49 (1997), S. 459-506, hier S. 459-467.

rin sollte alljährlich erneuert werden, im Idealfall vor dem Gnadenbild in Luxemburg. Pater Brocquart starb am 14. April 1660. Die Erwählung der Trösterin zur Patronin der Stadt hat er also nicht mehr erlebt.

Die Statuten der erwähnten Bruderschaft[35] regten an, ganze Ortschaften sollten geschlossen Maria, die Trösterin der Betrübten, zu ihrer Schutzpatronin erwählen. Solche kollektiven Marienweihen hatte es in den spanischen Niederlanden schon zuvor gegeben, etwa 1622 in Namur, 1634 in Lille und 1656 in Arlon. Es gab also Vorbilder für das, was in Luxemburg am 10. Oktober 1666 geschah. Das Gipfel-Ereignis fiel nicht unverhofft aus den Wolken.

Dunkle Wolken lagen indes in jenen Jahren über dem Land. Neue Kriegsgefahr drohte. Infolge des Friedensschlusses zwischen Spanien und Frankreich hatte Luxemburg 1659 weite Teile im Süden und Westen des Landes an Frankreich abtreten müssen. Von diesen nunmehr französischen Gebieten um Diedenhofen/Thionville, Montmédy und Damvillers aus bedrohten nun die Armeen des Sonnenkönigs Ludwig XIV. die Festungsstadt Luxemburg. Auch die Pest kam wieder. 1666 forderte der Schwarze Tod in der Grafschaft Vianden viele Opfer. Angesichts dieser Heimsuchungen ergriff P. Alexander

---

[35] *Ibid.*, S. 502-504.

Wiltheim[36], der nach dem Tod von P. Jacques Brocquart die Leitung der Wallfahrtskapelle übernommen hatte, die Initiative. Im September 1666 ersuchte er den Gouverneur, den Präsidenten und die Mitglieder des Provinzialrates, Maria zur Patronin der Stadt Luxemburg zu erwählen. Diese Erwählung sollte die Dankbarkeit der Bevölkerung wegen der ihr auf die Fürsprache der Trösterin der Betrübten zuteil gewordenen Wohltaten ausdrücken. Pater Wiltheim erinnerte besonders daran, dass die Stadt in den früheren langen Kriegsjahren nie von den Feinden eingenommen und geplündert worden war. Die Weihe sollte zugleich eine Bitte an die himmlische Patronin sein, auch in Zukunft Luxemburg ihr Wohlwollen zu zeigen, die Stadt beim katholischen Glauben zu erhalten und vor allem Unheil zu beschützen.

Der Antrag wird die Autoritäten nicht überrascht haben. Der ältere Bruder des Direktors der Glacis-Kapelle, Eustachius Wiltheim, war nämlich damals Präsident des Provinzialrates. Er teilte seinem jüngeren Bruder Alexander am 27. September die Zu-

---

[36] *Cf.* H. MERTENS, biographische Skizze (Lit.), in Bischöfliches Dom- und Diözesanmuseum Trier, Bibliothek des Priesterseminars Trier (Hg.), *Für Gott und die Menschen. Die Gesellschaft Jesu und ihr Wirken im Erzbistum Trier*, Mainz 1991, S. 349-352 (QAmrhKG 66); zum Vorgang: *cf.* A. HEINZ, Die Wallfahrt zu Maria, *op. cit.*, S. 114-116; F. RASQUÉ, *Te Matrem, op. cit.*, S. 29-36.

stimmung des Gouverneurs und des königlichen Rates mit. Richter[37] und Schöffen der Stadt stimmten am 5. Oktober zu. Am 10. Oktober wurde in der Jesuitenkirche, der heutigen Kathedrale, vor der eigens dorthin übertragenen Statue der Consolatrix Afflictorum feierlich der Erwählungsakt vollzogen. Der Prediger sprach die Weiheformel vor, die von den Repräsentanten der Stadt nachgesprochen wurde:

> Heilige Maria, Mutter Jesu, Trösterin der Betrübten!
> Wir Gouverneur, Präsident, Rat, Richter und Schöffen
> samt allen Bürgern und Einwohnern
> dieser Stadt Luxemburg,
> erwählen dich heute
> in unserer und unserer Nachkommen Namen
> zu unserer Gebieterin und Schutzfrau.

Die Trösterin empfing am 10. Oktober des folgenden Jahres bei der Erneuerung der Weihe eine goldene Nachbildung des Festungs-Schlüssels als Ausweis ihres bleibenden Patronats über die Stadt. Dargereicht wurde der goldene Schlüssel, der bis heute das Gnadenbild schmückt, vom Prinzen von Chimay, dem damaligen Gouverneur des Herzogtums[38]. Fortan zeigen alle Darstellungen die „Lu-

---

[37] Zum Rechtswesen und der Funktion der Richter: *cf.* E. BANGE, Die Gerichtsbarkeit der Stadt Luxemburg in Mittelalter und Früher Neuzeit, in *Hémecht* 67 (2015), S. 441-454.

[38] *Cf.* F. RASQUÉ, *Te Matrem, op. cit.*, S. 36.

xemburger Muttergottes" mit dem charakteristischen Schlüssel-Attribut.

Wir können dieses Kapitel über das marianische Gipfel-Ereignis von 1666 nicht schließen ohne vorauszuschauen auf das zweite Gipfel-Ereignis, das die Verehrung der Trösterin der Betrübten endgültig zu einer Sache bis an die Grenzen des Landes gemacht hat: die Landesweihe von 1678[39]. Sie wurde, wie die Erwählung der Consolatrix zur Stadtpatronin, vorbereitet von Pater Alexander Wiltheim SJ, dem damaligen Direktor der Glacis-Kapelle. Angesichts der akuten Bedrohung Luxemburgs durch die Truppen des französischen Königs Ludwig XIV. beschlossen die versammelten Landstände des Herzogtums am 6. Oktober 1677 Maria, die Trösterin der Betrübten, zur Landespatronin zu erwählen. Der feierliche Erwählungsakt wurde am 20. Februar 1678 vor dem Gnadenbild in der heutigen Kathedrale vollzogen. Die damals ausgefertigten drei Pergamenturkunden mit dem Siegel der 17 beteiligten Städte sind erhalten. Auf zwei Exemplaren lesen wir die Namen der heute zu Belgien in der *Province de Luxembourg* gehörenden Städte. Ein weiteres Exemplar haben die Vertreter der Städte des sogenannten deutschen Quartiers unterschrieben[40]: Remich, Gre-

---

[39] *Cf.* M. SCHMITT, Die Erwählung Marias, *op. cit.*, S. 161-183.
[40] *Cf.* A. HEINZ, Die Verehrung der Trösterin der Betrübten, *op. cit.*, S. 246 *sq.*

venmacher, Echternach, Vianden, aber auch Bitburg, Neuerburg und St. Vith.

Die Bevölkerung stand hinter dieser Entscheidung der Stadtmagistrate. Dafür hatten vor allem die Volksmissionare des Luxemburger Jesuitenkollegs gesorgt. Ihr herausragender Pionier war Pater Philipp de Scouville, den man später den Vater der Christenlehrbruderschaften genannt hat. Zu Fuß durchquerte er alle Gegenden Luxemburgs und errichtete in vielen Mittelpunktorten die „Bruderschaft Jesu und Mariae von der christlichen Lehr"[41]. Diese Christenlehrbruderschaften wurden zu Heimstätten der Verehrung der Trösterin. Ein Jahr nach der Erwählung der Trösterin zur Stadtpatronin, 1667, ließ P. Scouville sein Bruderschaftsdirektorium in Trier drucken. Darin hielt er die Pfarrer an, die Bruderschaftsmitglieder zu einer besonderen Verehrung „der allerdings unbefleckten Mutter der Gnad und der Barmherzigkeit, aller trübseligen Menschen liebreiche Trösterin Mariam" hinzuführen[42].

Im gleichen Jahr gründete P. Philipp de Scouville in Alsdorf bei Echternach in der luxemburgischen Eifel eine zentrale Christenlehrbruderschaft für die

---

[41] *Cf.* J. BIRSENS SJ, Die Bruderschaft der Jesuiten, *op. cit.*, S. 469-501.
[42] A. HEINZ, Die Wallfahrt zu Maria, *op. cit.*, S. 119.

Pfarreien des unteren Nimstals[43]. Es folgten in den folgenden Jahren Gründungen in Waxweiler (1669), Bettingen an der Prüm (1670)[44] und Seffern (1671). Im Umkreis der Landesweihe könnten wir fast alle Pfarreien des Bitburger Landes aufzählen. Ähnliches geschah, wie P. Josy Birsens SJ gezeigt hat, im wallonischen Teil des Herzogtums. In den Landpfarreien pflegten die Jesuiten Rosenkränze, Heiligenbildchen und Medaillen zu verteilen. Auf diesem Weg wurden zahllose Abbildungen des Luxemburger Gnadenbildes bis an die Grenzen des Landes verbreitet.

Wir stehen an der Schwelle der Jubiläumsoktave 2016. Es ist nicht das erste Mal, dass ein Kardinal als päpstlicher Gesandter zur Oktave nach Luxemburg kommt. Aber die zahlreichen „Events" dieses Jubiläumsjahres geben der 350. Jahrfeier doch einen besonderen Glanz. Auch das ist ein Novum: das luxemburgische „Office des timbres" und das Vatikanische Amt für Philatelie und Numismatik werden gemeinsam eine Sondermarke mit dem Bild der Trösterin herausgeben[45] und so das Luxemburger Gnadenbild weit über die Grenzen des Landes hin-

---

[43] *Cf.* B. SCHNEIDER, *Bruderschaften im Trierer Land. Ihre Geschichte und ihr Gottesdienst zwischen Tridentinum und Säkularisation*, Trier 1989, S. 121, 214 *sq.* (weitere Belege im Register).
[44] *Cf.* A. HEINZ, *Geschichte der Pfarrei Bettingen an der Prüm*, Bd. 1, Bettingen (Neuerburg) 2015, S. 80-85; zur Verehrung der Trösterin *cf. ibid.*, S. 76-79.
[45] 13. September 2016.

aus bekannt machen. Vergessen wir auch nicht, dass dieses Jubiläum geradezu providentiell im Heiligen Jahr der Barmherzigkeit begangen wird. Erzbischof Jean-Claude Hollerich hat in seinem Fastenhirtenbrief darauf hingewiesen. Dort heißt es:

> D'Maria selwer däerfe mir uruffen an erfueren als Mamm vun der Barmhäerzegkeet, „Mater misericordiae". D'Mënschen hunn sech deemools ganz besonnesch hirem Schutz an hirer Fürsprooch uvertraut, an si hunn dierften erfueren, dass d'Maria äis hei zu Lëtzebuerg zanter ville Jorhonnerte begleet an eist Land a seng Awunner ëmmer ënnert hire Schutz hëlt.

> Vom hl. Augustinus stammt das Wort: „Inter consolationes Dei et tribulationes mundi ambulat ecclesia – Begleitet von den Tröstungen Gottes geht die Kirche ihren Weg mitten durch die Bedrängnisse der Zeit." Mit der Kirche und damit mit uns geht die Mutter des Herrn. So sagen wir an der Schwelle der diesjährigen Jubiläumsoktave: „Mit Maria unterwegs. Mat dir Patréinesch vu Stad a Land, mat dir, Maria, an eng nei Zäit!"

Di gemeinschaftlech Erneierung
vun der Wei u Maria, de *Votum solemne*,
ass e Schlësselereegnes am Liewe vum Chrëscht
a vun der Kierch zu Lëtzebuerg
(Foto vun der Reelektioun vum 9. Oktober 2016).

„Wie soll sech Hir net schenken…"

D'Wei u Maria –
kierchlech, theologesch, existenziell[1]

Georges Hellinghausen[2]

Aleedung

„Wie soll sech Hir net schenken, am Lëtzebuerger Land?" Esou heescht et am Lidd „O Mamm, léif Mamm do uewen" – mer kennen et all auswenneg. Dorëms geet et bei der Wei u Maria: sech Hir schenken. Mä wat bedeit „sech Hir schenken", theologesch gesinn, kierchlech mat Bléck op eis Lëtzebuerger Kierch, an och existenziell op den eenzelne Chrëscht bezunn? Domat wëlle mer äis elo beschäftegen.

---

[1] Konferenz an der Kathedral zu Lëtzebuerg de 6. Oktober 2016 am Kader vun den Ofschlossfeierlechkeete vum 350. Jubiläum vun der Erwielung vun der Consolatrix zur Stadpatréinesch; de Video vun der Konferenz ass op www.youtube.com/catholTV ze fannen.
[2] De Georges Hellinghausen ass Professer fir Kierchegeschicht am Lëtzebuerger Priisterseminaire an Dompropst.

Ophänkert ass den 350. Jubilé vun der Stadwei un eis Patréinesch den 10. Oktober 1666. Meng Ausféierunge gi wuel iwwer de renge Lëtzebuerger Kader eraus, an ech schwätze méi allgemeng vu Mariewei a Marienerwielung. Op et dobäi méi dat eent oder méi dat anert ass – Erwielung oder Wei (élection ou consécration) –, op déi Diskussioun gi mer net an. Si war en Thema beim Jubiläum 1978, an theologesch gebillte Käpp hunn deemols fir de Begrëff „Erwielung" a manner fir „Mariewei" plädéiert.

Wat seet d'Erwielungsformel vu 1666, déi hei an der Kierch viru genee 350 Joer fir d'éischte Kéier erklongen ass, virum Bild vun der Consolatrix afflictorum, dat duerfir extra aus der Glaciskapell erofbruecht an hei am Chouer op enger Stèle opgestallt gi war? Hei de Wuertlaut:

Heilige Maria, Mutter Gottes
und Trösterin der Betrübten,
wir, Gouverneur, Präsident, Rat,
Richter und Schöffen,
samt allen Bürgern und Einwohnern
dieser Stadt Luxemburg,
erwählen dich am heutigen Tag
in unserem und unserer Nachkommen Namen
zu unserer Gebieterin und Schutzfrau
und nehmen uns fest vor,
diese Huldigung,
wodurch wir uns selbst aufopfern,
in Zukunft alle Jahre
in Deiner Kapelle zu erneuern.

   Sech Hir schenken

„Wie soll sech Hir net schenken…“

Darum bitten wir dich auf das demütigste,
Du wollest uns unter Deinen Schutz und Schirm nehmen
und uns beistehen
zur Zeit des Krieges, der Pest
und in all unsern Nöten und Widerwärtigkeiten. Amen.

Wéi ass den Opbau vun deem Gebiet?[3] D'Akteuren deemools waren de Gouverneur, de President an
de Kinnekleche Rot, d'Riichter an d'Schäffen, mat
alle Bierger an Awunner vun der Stad Lëtzebuerg. Se
handelen an hirem eegenen Numm an am Numm
vun hiren Nokommen, am Weiegebiet 1678 zousätzlech am Numm vum ganze Land. Si erwiele
Maria als Gebieterin a Schutzfra. Béid Erwielunge
sinn op d'Initiativ vun de Lëtzebuerger Jesuiten
zréckzeféieren. An der Propose vum P. Alexander
Wiltheim un de Provinzialrot vum September 1666
solle Glaf a Fridden ënnert hire Schutz gestallt ginn:
Maria soll d'Stad an hir Awunner am richtege Glawen a Gottesdéngscht erhalen a virun all feindlechem
Ugrëff schützen. Et geet dann 2. Rieds vun enger
Huldegung (hommage, vénération) un d'Tréischterin,
déi all Joer ze erneiere wier, en Akt „duerch dee mir
selwer äis opafferen" – woumat eng Iwwereegnung
oder Wei gemengt ass („Wie soll sech Hir net

---

[3] André LESCH, Die Wahl Mariens zur Lieben Frau von
Luxemburg 1666 und 1678. Versuch einer Übersetzung in
die Gegenwart, in *Aspekte. Theologische und pastorale Blätter
für die Diözese Luxemburg*, Nr. 13-14 (Mai 1978), S. 22-26.

schenken", heescht et am spéidere Lidd). Schliisslech bieden se, 3., an allen Néit ënnert de Schutz vu Maria geholl ze ginn. Et sinn also 3 Schrëtt: Maria gëtt erwielt (1.), mer erweisen hir eis Reverenz, eisen déifste Respekt (2.) a mer bieden ëm hire Schutz (3.). D'Huldegung, d'Reverenz, eis Vénératioun enthällt 1666 e Virsaz (d'alljährlech Erneierung) an eng Wei (formuléiert mam Terme „sech opafferen").

D'Erwielungsgebiet vu 1666 a vu 1678 huet di selwecht Struktur an zum Deel deeselwechte Wuertlaut wéi d'Wei u Maria vum Hl. Johannes Berchmanns resp. di Formel, mat där hien 1615 zu Malines der marianescher Sodalitéit, enger op Maria ausgeriichter Vereenegung, bäigetratt ass. D'Sodalewei ass also d'Virlag fir d'Erwielungsgebieder vu 1666 a 1678. Sech als „servus (Dénger)" mat senger Persoun der Maria als „Domina (Herrin, Gebieterin)" iwwereegnen, dat huet deen eenzelen an der Sodalewei ausgesprach, an dat gëtt elo kollektiv fir Stad a Land Lëtzebuerg ausgedréckt.

D'Erwielung vu 1666 ass vun de politeschen a reliéisen Autoritéiten offiziell getätegt ginn, vum Vollek ëffentlech bestätegt an der Nowelt vertrauensvoll iwwerdroe ginn.

I. D'Wei un d'Muttergottes – an engem geschichtlechen Iwwerbléck mat senger Relevanz fir haut

Weiegebieder un d'Muttergottes als marianesch Frëmmegkeetsform hunn haut, am Ënnerscheed zu fréieren Zäiten, net onbedéngt Héichkonjunktur. Maache mer eng kuerz Excursioun an d'Geschicht.[4]

- Ze veranschlagen ass vu vireran dat **eelst Muttergottesgebiet**, mat deem de bedreete Mënsch sech ënnert hire Schutz flücht virun de Geforen a Bedrängnisser vu senger Existenz. Mer kennen et alleguerten a bieden et regelméisseg, och an dëser Kierch: „Sub tuum praesidium… Unter deinen Schutz und Schirm…" De griicheschen Text gouf erëmfonnt op engem ägyptesche Papyrus aus dem 4. Jh. Net fir näischt heescht et an der Erwielungsformel vu 1666, an direkter Kontinuitéit heizou: „Darum bitten wir dich auf das demütigste, Du wollest uns unter Deinen Schutz und Schirm nehmen und uns beistehen zur Zeit des Krieges, der Pest und in all unsern Nöten und Widerwärtigkeiten."

- Eng eigentlech Virform vun der Mariewei fanne mer och scho ganz fréi an der Frëmmegkeetsge-

---

[4] Franz COURTH, Marianische Gebetsformen, in Wolfgang BEINERT, Heinrich PETRI (Hg.), *Handbuch der Marienkunde*, Bd. 1, Regensburg 1996, S. 526-566, hei S. 557-562.

schicht, wéi vum 3. a 4. Jh. un den Titel Kinnigin (Regina) an Herrin (Domina) gebraucht gëtt fir Maria, respektiv Dénger a Sklav (servus), fir de Gleewegen ze bezeechnen. A grad wéi d'Chrëschten am Mëttelalter d'Roll vun der Kinnigin um Kinnekshaff erlieft hunn, esou iwwerdroen se, an der germanescher Virstellungswelt, op Maria d'Firspriecherroll bei hirem Jong, **d'Kinnigin beim Kinnek.**

- Da kënnt de Brauch op, **der Muttergottes Kierchen a Kléischter ze weien**. Et geet also hei ëm de sougenannten „Patrozinium", wou Maria Schutzpatréinesch vun enger Kierch oder enger Klouschtergemeinschaft gëtt. Dat bedeit nieft engem Hommage u Maria och eng Bezéiung vu Subordinatioun, Untertänegkeet hir vis-à-vis, an eng Relatioun vu Schutz vun hir zu äis eriwwer. Eis Kathedral als Muttergotteskierch dréit deem Rechnung. Dëst Subordinatiouns- resp. Schutzverhältnis féiert den hl. Kinnek Stephan derzou, Ungarn ugangs vum 11. Jh. dem Patronat vun der Muttergottes ze ënnerstellen. Uerden aus dem Héichmëttelalter, d'Zisterzienser an d'Prämonstratenser, an och Brudderschaften erwiele Maria als Patréinesch. 1651 grënnt jo och eise Pater Brocquart, de Begrënner vum Consolatrix-Kult zu Lëtzebuerg, eng Brudderschaft vun der „Trösterin der Betrübten". D'Dominikaner spëtzen dee Brauch zou, andeems se den Numm vu Maria an hirer Gelübdeformel nennen. Esou wëllen si nieft der Bindung u Gott sech och Maria verschreiwen.

- Nächst Stuf an der Entwécklung sinn di marianesch **Weiegebieder vum 17. Jh.** Hei gëtt fir d'éischte Kéier den Ausdrock „consecrare" fir eng Wei u Maria gebraucht, quasi am selwechte Sënn wéi aner Vokabelen, déi usus waren (se offerre, tradere, commendare, devovere). An de marianesche Kongregatiounen, also Vereenegungen, déi entstinn – besonnesch duerch d'Initiativ vun de Jesuiten, och zu Lëtzebuerg ugangs vum 17. Jh. –, gi Weiegebieder direkt u Maria adresséiert. A grad bei de vun de Jesuiten iniziéierte marianesche Kongregatiounen oder Sodalitéite sinn zwee Momenter charakteristesch: Sech Maria verschreiwen, doduerch soll engersäits di perséinlech chrëschtlech Selbsterzéiung geförd ert ginn; anersäits soll nieft dem Striewen no Verinnerlechung och d'Apostolat Zil vun der Mariewei sinn. Ugestrieft ginn also souwuel virbildlecht chrëschtlecht Liewen (inwändeg an no baussen), wéi och explizit apostolesch Aktivitéit an Engagement.

- Op dëser Plaz leeën sech Ausféierungen no iwwert Maria an der **Spiritualitéit vum hl. Ignatius a vun de Jesuiten.** An deem Kader si jo eis Oktav an och eis Stad- a Landeswei entstanen an ze ver-

stoen; dee „Stallgeroch" bleift mat eiser Mariendevotioun heizulands verbonnen.[5]

Dem Ignatius, Grënder vum Jesuitenuerden, seng
Frëmmegkeet ass christozentresch, also op Christus
ausgeriicht. Hien huet keng Wei un d'Muttergottes
praktizéiert an och eng sollech net senge Matbridder
ugeroden. An dach si seng wichtegst Etappen a
spirituell Akten ëmmer programméiert a geschéien a
Presenz vun „Nuestra Señora", an dat nach ganz
nom ritterlechen Ideal vum Mëttelalter, dat Maria
vis-à-vis eng grouss Léift, „Minne", opbruecht huet.
Maria gëtt gesinn als Mittlerin a soll hëllefen, d'Nofolleg vu Christus an och d'Liewen nom Evangelium
ëmzesetzen.

E puer Generatiounen duerno awer praktizéieren
d'Membere vun der Gesellschaft Jesu an hirem
Uerden d'Wei u Maria. An si ruffen – esou och zu
Lëtzebuerg kuerz no der Ouverture vum Stater
Kolléisch – marianesch Sodalitéiten an d'Liewen,
d. h. Studentenassociatiounen an aner Laiegruppéie-
rungen, déi ënnert dem Schutz vu Maria stinn an eng

---

[5] Michel SCHMITT, *Die katechetischen Verkündigungselemente
aus der Geschichte der Verehrung der Trösterin der Betrübten*,
Manuskript o. D., S. 5; Josy BIRSENS SJ, Marie dans la spiritualité ignatienne et l'histoire des jésuites à Luxembourg,
in Georges HELLINGHAUSEN (Hg.), *D'Oktav als Erausfuerderung: ënnerwee…, mä wouhin? Mariendevotion zwischen
Tradition und Moderne*, „Koll. Clairefontainer Studien"
Bd. 6, Clairefontaine 2006, S. 93-108.

   Sech Hir schenken

„Wie soll sech Hir net schenken…"

Wei u Maria ënnert der Bezeechnung „Erwielung"
(electio) praktizéieren. Dëst am Kader vun der
Pastoral, wéi de Jesuitenuerden se am Herzogtum
Lëtzebuerg duerchgezunn huet. Zwee Uleies ware
mat der Erwielung vu Maria als Schutzpatréinesch
verbonnen: op der Säit vum Antragsteller d'Fest-
stoen am richtege Glawen, am Sënn vu Glawens-
verdéiwung a Glawensverdeedegung an der Linn
vum Konzil vun Trient (1545-1563), an de Bäistand,
Schutz an Hëllef an irdeschen Noutsituatiounen, dee
Maria sollt gewähren. De Wuertlaut vun der Erwielungsformel vu 1666 duerch d'Stad Lëtzebuerg
ass eendäitegerweis iwwerholl vun der Erwielung vu
Maria, wéi se an de Jesuitesodalitéite praktizéiert
gouf. De Prof. Michel Schmitt schreift: „Was für die
Jesuiten ein hervorragendes Seelsorgemittel war, ge-
schieht 1666 und 1678 auf breiter Basis und in mehr
volksnaher Darstellung für Stadt und Herzogtum."
An anere Wierder: De Moule, d'Muster vun den
Erwielunge vu 1666 a 1678 fanne mer bei der
„electio" vu Maria, esou wéi d'Jesuite selwer an
d'Membere vun hire Sodalitéiten se praktizéiert
hunn, als eng pastoral Method vu Glawenser-
neierung. Ähnlech bei der Brudderschaft vun der
„Trösterin der Betrübten", déi d'Jesuite 1651 an
d'Liewe geruff haten, deenen hir Memberen sech
ebenfalls der Muttergottes geweit hunn an e Liewen
ënnert hirem Schutz an ugeleet duerch hiert Beispill
versprach hunn. En plus hunn d'Jesuiten am

Herzogtum d'„Christenlehrbruderschaften" verbreet, déi zesumme mat de Parmissiounen zur Erneierung vum Parliewe bäigedroen hunn, a wou d'Memberen och eng Consécratioun un d'Muttergottes virgeholl hunn, déi se all Joer erneiert hunn.

Mer gesinn also, wéi dat ganzt Erwielungsgeschéie vu 1666 formal an inhaltlech ganz aus dem Geescht vun der Gesellschaft Jesu an hire pastorale Methoden zu Lëtzebuerg eraus entstanen ass an déi „empreinte" dréit bis haut. D'Fro ass: Wéi kënne mir haut déi Erwielung vu Maria pastoral notzbar maachen an si an eis Seelsuerg abauen?

Wat ass elo, theologesch gesinn, den Inhalt vun esou engem Erwielungsakt? Maria gëtt als „Herrin" a „Gebieterin", als „Schutzfrau" a „Beschützerin" erwielt. Dës Sprooch erënnert nees un dat aalt Gebiet aus der Patristik „Unter deinen Schutz und Schirm...", mat der zentraler Ausso, dass mer an existenziellen Noutsituatiounen äis flehentlech un d'Muttergottes wende kënnen. D'Titelen „Herrin", „Gebieterin", „Schutzherrin", „Patronin" sinn nach Souveniren un di héichmëttelalterlech Gesellschaftsuerdnung, konkret un di höfesch Ritterkultur, an där d'Relatioun tëschend der Herrin an dem ritterlechen Déngschtmann vu Bedeitung war. An deem Kontext waren och folgend Ausdréck geprägt ginn: Notre-Dame, Unsere Liebe Frau, Gebieterin (Domina) vis-à-vis vun hirem Dénger, Suzeraine (esou wéi d'Gnodebild vun Avioth den Titel „Suzeraine du Luxembourg"

  Sech Hir schenken

gedroen huet). All dëst ass iwwer den Ignatius vu Loyola, dee jo nach an der ritterlecher Welt grouss gi war, an de Jesuitenuerden agefloss.

- Komme mer elo bei den hl. Louis-Marie **Grignion de Montfort**, dee mer an Zesummenhank sëtze mat engem vu senge bedeitendste Schüler, nämlech dem Karol Wojtyla alias Poopst **Jean-Paul II.** Dem Jean-Paul II. seng oblativ Haltung Maria vis-à-vis geet zréck op seng fréi Jugend. Geprägt gouf hien do vum Grignion de Monfort sengem „Traité de la vraie dévotion à la Sainte Vierge" vu 1713. Dat ass d'Haaptquell vu senger marianescher Frëmmegkeet, déi ganz enk mat sengem Liewenswee a mat senger Virbereedung op d'Priistertum verbonnen ass. Den Zentrum vum Grignion senger marianescher Spiritualitéit ass dës Iwwerzeegung: Maria ass eng mächteg Firspriecherin, hir Tugende gëllt et nozeahmen; dësgläichen eng kontinuéierlech Erneierung vum Dafgelübde virzehuelen, doduerch dass een sech Maria vollstänneg higëtt, sech hir „weit", an zwar sech weit duerch Maria dem Jesus.

Wichteg Aspekter vum Jean-Paul II. senger Mariendevotioun sinn di hei: eng total Ofhängegkeet an Déngschtbereetschaft Maria géintiwwer, wat zugläich Quell vun enger déiwer Fräiheet bedeit; sech der Muttergottes uvertrauen, awer – an der Linn vum Grignion – als Mëttel fir eng vollstännech Wei u

Christus an u säin Heelswierk. Well fir de Grignion ass d'Wei als vollkommen Andacht zu Maria e liichten, kuerzen, perfekten a séchere Wee fir bei Christus. Deen ass dat eigentlecht Zil vun der Mariewei, well „je méi eng Séil Maria geweit ass, desto méi ass se Jesus Christus geweit". An dowéinst ass fir hien d'Mariewei eng „vollkommen Erneierung vum Dafgelübde". Wéisou dann den Ëmwee iwwer Maria, froe mer äis. De marianesche Charakter vun dësem Wee bei Christus ergëtt sech aus der Inkarnatioun: Wéi Maria do, um irdesche Liewe vum Jesus, matgewierkt huet, esou steet si och um Lieweswee vun all Gedeefte fir bei Christus.

Heiraus ergëtt sech di typesch Verknüpfung vum Jean-Paul II. senger Mariologie mat enger markanter Christozentrik: Christus ass am Mëttelpunkt an ass d'Zil. Et ass, esou wéi de Grignion recommandéiert, eng Wei u Christus duerch d'Hänn vu Maria, als wierksamt Mëttel, d'Dafverflichtungen trei ze liewen, den Engagement, deen sech aus dem Gedeeftsinn ergëtt, auszeféieren. Et ass am iwwrege gewosst, dass de Karol Wojtyla als jonken Aarbechter an de Solvay-Wierker den Traktat vum Grignion a sengen Aarbechtspause geliest huet an d'Wei u Christus duerch d'Hänn vu Maria perséinlech virgeholl hat. Et ass déiselwecht wéi déi, déi um 8. Dezember 1953 de Kardinol Wyszynski ënner schwieregste politeschen Ëmstänn op ganz Polen ausgeweit huet. Ähnlech réit de Jean-Paul II. a senger Marienenzyklika „Redemptoris Mater“ vun 1987 an der Suite vum Grignion de Montfort implizit un, en Akt vu Vertrauen (commendatio) – eng gemildert Form also vu Wei (consecratio) – géintiwwer Maria virzehuelen. Well „Vertrauen ass d'Äntwert op d'Léift vun enger Persoun an am besonneschen op d'Léift vun enger Mamm“ (*RM* Nr. 45).

All dëst ass um Ursprung vum Jean-Paul II. sengem marianesche Leitmotiv „Totus tuus“, dat säin Nidderschlag fënnt an onzielegen Usproochen a Messagen, a Gebieder a Weien un d'Muttergottes, a Pilgerfahrten zu marianeschen Hellegtümer während senge villen apostolesche Reesen, an net zulescht am Ausruffe vun engem marianesche Joer 1987/88 oder och der Publikatioun vun der genannter Enzyklika „Redemptoris Mater“[6]. Erënnert sief drun, dass hien och hei an der Kathedral, virum Votivaltoer, de 15. Mee 1985 zu Maria gebiet huet, zesumme mat den eeleren a kranke Matmënschen aus eisem Land.

Leede mer aus all deem of: D'Wei un d'Muttergottes als dat konsequent Liewen aus der Gnod vum Sakrament vun der Daf, jo als d'Ausliewe vum Dafsakrament, dat een net nëmmen als eppes Punktuelles däerf gesinn, mä als e Prozess, dee virugeet. Den

---

[6] Georges HELLINGHAUSEN, Die Marienenzyklika „Redemptoris Mater“, in *Aspekte. Theologische und pastorale Blätter für die Diözese Luxemburg*, Nr. 41 (Januar 1988), S. 3-13, bes. S. 3 a S. 7.

tschecheschen Auteur a Geeschtlechen Tomáš Halík schreift: „Je mehr Menschen ich auf dem Weg der Taufvorbereitung begleite und taufe, desto mehr wird für mich deutlich, dass die Taufe ein *dynamisches* Sakrament ist. Ähnlich wie die Ehe oder das Priestertum ist auch die Taufe ein Ereignis, das sich nicht mit dem Augenblick der Sakramentenspendung erschöpft, sondern so wirkt, dass es das ganze weitere Leben durchdringt."[7]

Dass d'Mariewei, esou verstanen, Impakt am deegleche Liewe vum Chrëscht misst hunn, ass eng Selbstverständlechkeet. Vläicht erkläert dëst, wéisou hei zu Lëtzebuerg dat Marianescht esou staark present war an zum Deel nach ass, bis hin an dat alldeeglecht Liewen eran. Interessant Reminiszenzen dorun, déi haut Seltenheetswäert hunn, sinn z. B. eng Kartonskëscht mat „Savon Notre Dame de Luxembourg" (Dir gesitt se an der Expo zu Baaschtnech[8]) oder eng bleche Knipperchesdous mat „Notre-Dame de Luxembourg" drop aus der 1. Haltschend vum 20. Jh. Ofgesi vun de sëllechen Oktavsonderangeboter, déi d'Stater Geschäftswelt zum Deel bis haut offréiert.

---

[7] Tomáš HALÍK, *Ich will, dass du bist. Über den Gott der Liebe*, Freiburg-Basel-Wien 2015, S. 153.
[8] Expo „Notre-Dame de Luxembourg. Dévotion et Patrimoine" am Musée en Piconrue vum 10.09.2016 bis den 21.05.2017.

- Kucke mer zréck: Dem Grignion seng „vollkommen Andacht (vraie dévotion)" ass eng privat individuell Wei. D'Sodalegebieder vun de Marianesche Kongregatioune si par conter eng kollektiv Wei. Se gëtt zwar vun eenzelnen ofgeluecht, ass awer dat verbindend Band vun alle Kongregatiounsmemberen. Nach méi wäit gefaasst si schliisslech di **gemeinschaftlech, territorial an national Weien** u Maria bis hin zur Wei vun der Welt un dat Onbeflecktend Häerz vu Maria duerch de Pius XII. 1942 – dës „consécration du monde" ass zënterhier mindestens aachtmol vun dräi Peepst widderholl ginn. Lëtzebuerg, Stad a Land, reit sech an an dës gemeinschaftlech, territorial an national Weien. Eng vun de markantesten, haut awer bal vergiess, ass déi vum Louis XIII, vun enger schwéierer Krankheet genesen an an Erwaardung vun engem Throunfolger, deen op sech waarde gelooss huet. Et ass de berühmte „voeu" vu 1638, wouduerch hie Frankräich der Muttergottes geweit huet – wat all Joer um 15. August, bis zur Revolutioun, kommemoréiert gouf. Wann der di nächste Kéier op Paräis an Notre-Dame gitt, da bewonnert hannen am Chouer di Skulpturegrupp, déi de „voeu" vu 1638 plastesch duerstellt: Maria, als barock marmer Pietà an der Mëtt, an zur Säit de Louis XIII, deen hir d'Kroun vum Royaume offréiert (esou wéi bei äis op enger Duerstellung vum Brudder Abraham Gilson vun Orval di personnifizéiert Stad a Provënz Lëtzebuerg der Muttergottes de Stadschlëssel presentéiert); op der anerer Säit an Notre-Dame gesi mer de Louis XIV knéien, als Fruucht vun deem „voeu" vu 1638.

- D'Promenade duerch d'Geschicht léisst nach en Thema ukléngen, dat mer elo hei awer net verdéiwe kënnen: di **geeschtlech Vermählung mat Maria**. Dëst Thema fanne mer ë. a. beim hl. Hermann-Josef vu Steinfeld († 1225), dem hl. Jean Eudes († 1680) an dem Vinzenz Pallotti († 1851).

- Ech schléissen dësen Historique of mat engem vun eise Bëscheef, haut vläicht deen onbekanntesten, de **Bëschof Pierre Nommesch**. 1921 hat hie mat der Diözes den 250. Jubiläum vun der Stadpatréinesch gefeiert – well 1916, matten am 1. Weltkrich, war dat net méiglech gewiescht; an 1921 hat hien d'Oktavzäit vun 10 op elo 14 Deeg ausgeweit. A sengem Bëschofswopen ass d'Consolatrix mam Kand iwwert der aler Glaciskapell duergestallt. Säi Wopesproch ass: „Tuus sum ego. Dein bin ich, ech gehéieren dir, dir sinn ech zu eegen, je suis à toi." Eng Wei u Maria a Rengsubstanz, prezis a konzis. Méi einfach kann een et net soen. Soe mir och, am Häerz, mam Bëschof Nommesch: „Tuus sum ego!"

II. D'Wei u Maria, hir Charakteristiken an hir theologesch Bedeitung

- **„Mir erwielen dech…"**, heescht et am Konsekratiounsgebiet vum 10. Oktober 1666. Mä éier d'Stad Lëtzebuerg dat zur Muttergottes soe konnt, ass vun enger anerer Erwielung ze schwätzen, di éischt a lescht Ursaach vun alle spéideren. Dës Wiel ass net geschitt virun 350 Joer, mä zënter éiwegen Zäiten. Dës Wiel ass, wéi den Dompfarrer Frédéric Rasqué am Jubiläumsjoer 1966 gepriedegt huet, vun dräi Persoune getätegt ginn, vun den dräi gëttleche Persoune vun der hellegster Dräifaltegkeet. Vun Éiwegkeet hier huet Gott, de Papp, Maria auserwielt als Mamm fir säi Jong. „Alles, was wir ihr an Hochschätzung und Dienst bieten, alles fließt letzten Endes aus dem ewigen Ratschluss der liebenden Wahl des himmlischen Vaters.“ D'Wiel vu 1666 ass en Echo heivun, en Akkord heirop an en Noklénge vun där Léift, déi Gott-Vater fir Maria heegt vun Éiwegkeet zu Éiwegkeet. A grad esou huet d'Erwielung vu 1666 als Fundament d'Léift vu Christus zu senger Mamm, déi opliicht an den Häerzer vun de Gleewegen. An och d'Gnod vum Hl. Geescht, déi iwwert se komm ass opgrond vum gëttlechen Heilsrotschloss. An anere Wierder: Well den dräifaltege Gott gesot huet: „Mir erwielen dech“, konnten och eis Virfuere virun 350 Joer soen: „Mir erwielen dech…“, a kënnen och mir all Joer soen: „Mir erwielen dech!“ [9]

---

[9] Friedrich RASQUÉ, *Patronae Civitatis. Oktavpredigten für das Marianische Jubeljahr 1966*, Luxemburg 1966, S. 32-35; Zitat S. 33.

- Laut dem Text vu 1666 soll déi Wei d'Zäit iwwerdaueren; et ass also net einfach e momentaant Geschéien, mä eppes **Kontinuéierleches**. Et geet drëm, esou di al Formel, „diese Huldigung inkünftig alle Jahre in Deiner Kapelle zu erneuern". An di all-jährlech Erwielung giff geschéien „Te choisissons aujourd'hui en notre nom et en celui de nos descendants", esou di franséisch Fassung. An di aktuell, wou de Bëschof seet: „…erwielen ech Dech haut op en Neits a mengem eegenen Numm an am Numm vu mengen Nofolger zu eiser Schutzpatréinesch… Mir huelen äis fest vir, dech ëmmer als sollech un-zeerkennen an ze veréieren." Mer stinn also an enger Linn, déi sech vu 1666 eriwwerzitt duerch eis Zäit an d'Zukunft eran. Duerfir geet och Rieds am Weie-gebiet vun „eist ganzt Vollek, dat däint ass a fir ëmmer däint wëllt bleiwen!" D'Mariewei ass also e Geschéien, dat aus der Vergaangenheet kënnt, sech an der Gegenwart aktualiséiert a wëllt an d'Zukunft era verlängert ginn. An deem Sënn trëfft de Jubilä-umsmotto 2016 „Mat Dir an eng nei Zäit" an d'Schwaarzt.

- Wourëms geet et **inhaltlech** bei der Wei u Maria? Hei kënne méi Fiedem matenee verbonne ginn.

1. Vu sech ewech kucken op Maria als déi Per-soun, déi ech gär hunn an där ech mech uvertrauen (je me confie à elle; d'Italiener hunn duerfir e passend Wuert, wat sech net iwwersetze léisst: si

schwätze vun „affidamento“), doréms geet et bei der Wei emol fir d'éischt. (D'Consolatrix dréit nieft Zepter, Schlëssel a Rousekranz, zënter 1866 dat gëllend Häerz, dat d'Stater Déngschtmeedercher hir fir de Bicentenaire vun der Erwielung als Stadpatréinesch geschenkt haten; an d'Häerz, typesch romantescht Symbol fir Léift an Trei, passt hei gutt an de Kader – och all di aner Häerzer, déi mer hei gesinn, déi der Muttergottes als Merci an als Zeeche vu Veréierung offréiert gi sinn.) <u>D'Léift zu Maria</u>, Maria gär hunn – esou wéi mer an eisen Oktavlidder sangen „O Mamm, léif Mamm, do uewen, ech hunn dech eenzeg gär.“ – „Léif Mamm, ech weess et net ze son, wéi gär ech bei dir sinn.“ Wéivill Consolatrix-Duerstellungen, vu Konscht bis Kitsch, sinn am Laf vun de Jorzéngten a Jorhonnerten aus déser Léift eraus entstanen, an en etlech dovu sinn elo mat Léift an der Expo zu Baaschtnech ausgestallt!

2. D'marianescht Weiegebiet ass als eng <u>intensiv Aart a Weis vum Bittgebiet</u> ze verstoen, esou wann en Eenzelnen, eng ganz Grupp, d'Kierch, eng Stad, e Land, e Bistum oder e Klouschter sech Maria weien. D'Weiegebiet beinhalt da virun allem, Maria soll di Genannten ënnert hire besonnesche Schutz huelen. Hei wier nach eng Kéier op de Patroziniumsgedanken hinzeweisen, wa Maria Patréinesch vun enger Kierch, engem Klouschter, enger Par ass…, esou wéi hei d'Por Notre-Dame. (De Frédéric Rasqué versetzt

sech an d'Haut vun deenen, déi d'Wiel 1666 getätegt hunn. „Es war die Überzeugung ihrer eigenen Ohnmacht und Hilflosigkeit. Es war das Gefühl der Sicherheit, der Ruhe und der Geborgenheit im Schutz und im Dienst der Trösterin."[10]) Bildlech kënnt dat zum Ausdrock an der Schutzmantelmadonna, wou Maria Mënschen ënnert hire Mantel hëlt a protegéiert, bal wéi eng Kluck hir Hénkelen. Dat ass de Fall am Kevelaerer Bildchen, wou d'Muttergottes di ganz Bildbreet mat hirem Mantel fëllt a se deem, deen op se kuckt, Protektioun gëtt. Ganz expressiv, hei an der Kathedral, ass iwwert dem Duxall d'Regierungsfënster, wou Maria hire weide Mantel iwwert d'Vollek mat hire Vertrieder breet, mat Bëschof, Grande-Duchesse Charlotte a villen aneren. „Maria breit den Mantel aus", heescht en alt däitsch Lidd. Am aktuellen Text vun der Re-Elektioun, esou wéi e vum Äerzbëschof um Schlusssonndeg vun der Oktav an och den nächste Sonndeg [09.10.2016] deklaméiert gëtt, heescht et: „Nous vous supplions donc très humblement de nous recevoir tous sous Votre très miséricordieuse protection, notre chère Patrie, notre auguste Maison Souveraine, tout le peuple luxembourgeois." Maria, ugeruff als Beschützerin, als Schutzfra, mat hirem Mantel, hirem „Liichtgewand", esou wéi et an eisem Wallfahrtslidd „Wie unsre Väter flehten", 2. Stroph, zum Ausdrock

---

[10] F. RASQUÉ, *Patronae Civitatis, op. cit.*, S. 50.

Sech Hir schenken

kënnt: „Auch uns bleib' in Gefahren, mit deiner Hilfe nah. Will Krieg und Sünde schaden, breit aus dein Lichtgewand. Maria, voll der Gnaden, schirm uns und schirm das Land."

3. Mariewei bedeit sech Maria iwwereegnen, sech hir verschreiwen, an domat ausgesondert ginn aus dem profanen, reng irdesche Beräich an dem Beräich vu Gott zougeuerdnet ginn, un deem Maria als Gloriosa, als Verherrlecht deelhëlt. Doraus entsteet d'Verflichtung, deem Hellegen, wouran ech opgeoll gi sinn, ze déngen. De Paul VI. hat dat a sengem Schreiwes „Marialis cultus" Nr. 21 sënngeméiss esou formuléiert: Deen, dee Maria veréiert, mécht säi Liewen zu engem Affer fir Gott, geet dem Jo-Wuert vu Maria no an ënnerwërft sech ënnert de Wëlle vum Papp am Himmel doduerch, dass en de Wee vun der Hellegkeet geet. <u>De Wee vun der Hellegkeet goen!</u>

4. Eng gewësse Roll spillt de Gedanke vun engem extraen Traitement vun deenen, déi sech Maria geweit hunn; d'Bewosstsinn speziell auserwielt ze si vis-à-vis vun aneren. Am *Votum solemne* geet Rieds vun „eist ganzt Vollek, dat däint ass a fir ëmmer däint wëllt bleiwen (tout le peuple luxembourgeois qui est Vôtre et restera Vôtre)". Di <u>speziell Relatioun tëscht Maria an dem Vollek</u>, dat sech hir uvertraut huet, ass also hei am Viséier. „Wie soll sech Hir net schenken, am Lëtzebuerger Land…", heescht et am Lidd.

5. Mariewei bedeit, dass déi, déi esou Maria speziell unemfuele sinn, och déi Wei solle perséinlech
ratifizéieren, vollzéien, esou wéi et a ville Weiegebieder explizit ausgedréckt ass. Et ass e Choix, dee
getraff gëtt, e Choix, deen net anodin, harmlos an
onbedeitend ass, mä zu eppes verflicht: nämlech
engem chrëschtleche Liewen. <u>Mariewei, authentifi-
zéiert duerch e chrëschtlecht Liewen.</u>

6. Sech Maria weien heescht och, sech si als be-
sonnescht Liewensvirbild an der <u>Christusnofolleg</u>
wielen. Et geet drëm, d'Christusnofolleg, déi mat der
Daf ufänkt, ze realiséieren entspriechend dem Vir-
bild vu Maria, esou wéi si hiren heelsgeschichtlechen
Opdrag erfëllt huet an elo a Gott vollend ass. „La
consécration à la Mère de Dieu n'est en aucun cas un
but en soi, […], mais elle nous situe au contraire
dans la dynamique du salut, celle de la suite de
Jésus." Esou de Pater Josy Birsens SJ.[11] Sech Maria
weie bedeit da leschtlech, d'Begéinung mat Christus
ustriewen an e Liewensstil wielen, dee christus-kon-
form ass. Hei en ähnlecht Zitat vum Karl Rahner:
„Wenn wir uns einem himmlischen Menschen wei-
hen, so geht die Bewegung unseres Herzens ja nicht
zu ihm, um bei ihm zu enden, sondern sie geht zu
ihm, durch ihn gleichsam hindurch, um mit der
Ewigkeit gewordenen Bewegung seines Herzens […]

---

[11] J. BIRSENS SJ, Marie dans la spiritualité ignatienne,
op. cit., S. 106.

 Sech Hir schenken

sich weiter und hinauf zu schwingen in Gott hinein.“[12] Duerch Maria also bei Christus hin, an engem christus-konforme Liewen a senger Nofolleg! Di „vraie dévotion à la Sainte Vierge“ ziilt, laut Grignion de Monfort, op Christus. Vergiesse mer net, dass eis Consolatrix-Statu äis Christus presentéiert. Maria veréiere mer, mä Christus biede mer un.

7. An der Linn vum Grignion de Montfort bedeit Mariewei en <u>Aléise vun der Dafwei</u>, en Duerchféiere vun den Engagementer, déi um Gedeeftsi berouen. Di éischt Konsekratioun u Gott ass déi vum Daf-sakrament als nei Gebuert, duerch déi mer scho mat Maria verbonne ginn, mat hirer Mutterschaft. Well duerch hiert Jo zu Nazareth an hir Presenz ënnert dem Kräiz, wou si all Jünger vu Christus uvertraut kritt, hëlt si deel um Heelsereegnes vun hirem Jong, an dat gëtt vermëttelt duerch d'Sakrament vun der Daf. Esou schlussfolgert de Josy Birsens am Kader vun der ignatianescher Spiritualitéit: „En ce sens, la consécration à Marie n'est pas une annexe à la con-sécration du baptême, mais la réalisation dans un libre choix, de la sanctification et de la mission qui nous échoit par le baptême.“[13] D'Mariewiel als be-wosste Vollzuch vun der eigentlecher „consecratio“

---

[12] F. COURTH, *Marianische Gebetsformen*, *op. cit.*, S. 526-566, hei S. 562-564

[13] J. BIRSENS SJ, Marie dans la spiritualité ignatienne, *op. cit.*, S. 106.

vum Chrëscht, déi geschitt, wann e gedeeft gëtt op den Numm vum Jesus a vum dräifaltege Gott. Dem Dafglawe gerecht ginn, ka sech och äusseren an enger Iwwereegnung u Maria, e Sech-Uschléissen un hiert Jo, dat si Gott zu Nazareth ginn huet. Vun der „consécration à Marie" schwätzt an deem Sënn och de bekannte Mariolog René Laurentin: „Elle a pour rôle d'actualiser, de réaliser la consécration du baptême" – egal wéi am Detail déi Wei u Maria ausgesäit: ob u Maria selwer geriicht, un d'Adress vum Jesus duerch Maria (esou wéi beim Grignion de Montfort) oder duerch d'Häerz vu Maria, esou wéi se zu Fatima gefrot gi war.[14] „Si on ne se consacre au sens propre qu'à Dieu, il est bon de se confier pour cela à Marie. Ce qui est confié à cette Mère très aimante, aimée de Dieu, n'est pas perdu, et ceux qui en font l'expérience n'en sont point déçus."[15]

8. Eng interessant Iddi verbënnt de Jesuitepater Jos Klopp 1978 mat der Mariewei. Hie gesäit déi Wei, matten an eisen dramatesche Liewensëmstänn, als gréissten Ausdrock vun eiser Fräiheet an Hingabe, duerch déi mer äis bewosst an eng chrëschtlech Haltung erabeginn an esou u Gott bannen, andeems mer äis u Maria inspiréieren an äis ënnert hire Schutz stellen. Am Kloertext: „Die Weihe ist Ausdruck der

---

[14] René LAURENTIN, *Une année de grâce avec Marie*, Fayard, Paris 1987, S. 128.
[15] *Ibid.*, S. 133.

  Sech Hir schenken

Freiheit und Hingabe. Der Weihegedanke lädt uns ein, täglich eine echt christliche Haltung zu leben [...]. Maria zeigt uns, dass wir gerade dann Mensch werden, wenn wir uns der wunderbaren Macht Gottes verschreiben. Die Weihe ist der höchste Ausdruck unserer Freiheit. Wahre Freiheit ist immer ein Freiwerden für größere und höhere Bindung. Sie ist keineswegs ein wilder Freiheitsdrang. Wenn wir uns nach dem Beispiel Mariens Gott hingeben, erlangen wir den höchsten Grad der Freiheit. Das Ja-Wort Mariens ist der letzte Gipfel, den der Mensch in seiner Freiheit erreichen kann". Woumat de Pater Klopp d'Mariewei versteet als en Eraklammen an hiert Jo-Wuert u Gott a vis-à-vis vu sengem Heelsplang – en Akt vu gréisster perséinlecher Fräiheet.[16]

- De belschen Trappist Jean-François de Louvencourt zitt d'Mariewei als **Dräischrëtt** op. D'Konsekratioun beinhalt dräi Aspekter: d'Ofso un d'Sënd, d'Agoen an den Universum vu Gott an, als dynamesch Composante, d'Suerg ëm d'Matmënschen. Keen erfëllt dat besser wéi de Jesus selwer, dann awer och seng Mamm. Maria als de Modell vun all Konsekratioun, duerch hiren Elan op Gott zou, duerch hir aktiv Offenheet fir d'Gnod vu Gott. An esou ass ebenfalls eng Wei u Maria strukturéiert, déi

---

[16] Jos KLOPP SJ, Marianisches Jubiläum und Erneuerung im Glauben, in *1678-1978. Tricentenaire de la Consolatrice des Affligés.* Bulletin paroissial 9 octobre 1977.

leschtlech op Gott selwer ausgeriicht ass: der Sënd ofsoen, agoen an den Universum vu Gott, sech ëm d'Matmënsche beméien.[17]

- D'Iddi vum **Pakt tëscht Maria an dem Vollek** ass och hei ze ernimmen. Eis Awunner vu Stad a Land, souwäit se kathoulesch sinn, droen d'Iwwerzeegung, datt se mat der Muttergottes duerch eng Zort Pakt, e Bond, eng Allianz verbonne sinn. De Bond vu Gott mat sengem Vollek ass jo eng ur-biblesch Iddi an duerchzitt béid Testamenter, dat Aalt an dat Neit. De Pakt tëscht Maria an hirem Vollek ("Nos autem populus tuus – Mir sinn däi Vollek", war de Wopesproch vum Bëschof Lommel) gëtt all Joer erneiert duerch d'Oktav mat hirem Point d'orgue um Schlusssonndeg, an eben der Erneierung vun der Wei un d'Muttergottes moies an der Pontifikalmass a mat der feierlecher Schlussprëssessioun nomëttes. De Michel Schmitt schreift: „Bereits in den ‚Gründerjahren' wird die Verehrung eingebettet in das Gesellschaftsleben und erhält einen verpflichtenden Charakter im Sinne eines öffentlichen Vertrags, der in der Weiheformel von 1666 festgelegt ist."[18] Dës Iddi vum Vertrag tëscht der Patréinesch

---

[17] Jean-François LOUVENCOURT, Faut-il encore parler de consécration à l'aube du troisième millénaire?, in *Spes Nostra* 3 (2001), S. 4 *sq*.
[18] Michel SCHMITT, Das Oktavgeschehen. Zugänge zu seinem geschichtlichen Verständnis in der Erlebniswelt

an hirem Vollek hat och den Dompfarrer Rasqué fir d'Jubiläum 1966 thematiséiert: „Es ist ein förmlicher Vertrag (un contrat bilatéral), der nicht einfachhin nur von einer Seite gekündigt werden kann." Et wier en „offiziell öffentliche Rechtsakt". Woubäi et dann di ganz perséinlech Saach vum eenzelne Mënsch ass, a watfir enger Intentioun an a watfir engem Grad hie sech un esou engem Gelübde bedeelegen oder net bedeelege wëllt.[19]

D'Dominique Foyer vum Insititut catholique vu Lille schreift dozou (si huet eng Étude gemaach iwwer d'Muttergottes vu Valenciennes. Villes vun deem, wat si schreift, kann een och fir Lëtzebuerg iwwerhuelen[20]): „Ce schéma nous semble profondément théologique, pour ne pas dire biblique : il s'agit d'une alliance vécue et célébrée, entre le Ciel (Dieu, ici représenté par la Vierge Marie) et un peuple particulier." Si ernimmt d'Figur vun der

---

von heute, in G. HELLINGHAUSEN (Hg.), *D'Oktav als Erausfuerderung, op. cit.*, S. 109-118, hei S. 110.
[19] A.C.M.L. (Hg.), *Votum solemne. Damals – später – heute. Festrede von Herrn Dompfarrer Dr. Friedrich Rasqué, gehalten am Stephanstag 1965*, Luxemburg 1966, S. 14 *sq.*
[20] Dominique FOYER, Une Cité et sa « Patronne » : Des rapports ambigus mais significatifs. Le cas de Valenciennes et de la Vierge du « Saint-Cordon », in *La dévotion mariale de l'an mil à nos jours*, études réunies par Bruno BÉTHOUART et Alain LOTTIN, Artois Presses Université 2005, S. 189-199, hei S. 197-199.

„Vierge tutélaire" (Vierge protectrice), déi dës biblesch an theologesch Iddi vum Pakt gewëssermoosse kristalliséiert: „C'est le schéma d'une alliance entre le Dieu très haut et un peuple élu", woubäi jo och mir äis an deem Fall als di aktuell Bénéficiairen ukucken. Mer sinn deemno hei am Fall vun enger „identification symbolique collective", well duerch d'Joerhonnerte mat hire Schicksalsschléi a Verännerunge bleift de géigesäitegen Engagement tëschent enger Bevëlkerung, déi vu Maria besonnesch an d'Häerz geschloss ass, an ebe senger Patréinesch eng Konstant. An d'Dominique Foyer schlussfolgert, wat een och fir d'Oktav kann novollzéien: „L'avenir seul dira si ce type de lien peut encore être opérant dans une époque de sécularisation croissante." Dëst ëmsou méi jo och d'Oktav an deene leschte Joerzéngte vun hirer Ferveur agebéisst huet, duerch zueleméisseg manner Bedeelegung, Säkuliséierung vun der Gesellschaft a fraglech Participatioun vun de politesche Mandatsträger an engem Régime vun Trennung vu Staat a Kierch.[21] Op där anerer Säit ass mat Freed festzestellen, dass di linguistesch Communautéiten, déi zu Lëtzebuerg implantéiert sinn – Portugisen, Frankophoner, Italiener, Anglophoner asw. –, ëmmer méi deelhuelen u wichtege Momenter vun eiser Oktav wéi d'„messe du peuple de Dieu" um éischten Oktavsonndeg, Liichterprës-

---

[21] D. FOYER, *Une Cité et sa « Patronne »*, *op. cit.*, S. 197-199.

     Sech Hir schenken

sessiounen, „rosaires intercommunautaires", Masse vun deene verschiddene Sproochgruppen, Folklorgruppen, déi un der Schlusssprëssessioun deelhuelen, asw. Domat droe si dem Ëmstand Rechnung, dass mer en Immigratiounsland sinn, wou déi reliéis Composante eng bedeitend integrativ Kraaft huet. Esou hänkt et also dervun of, wat mir all aus dëser Situatioun maachen. Oder wéi de Frédéric Rasqué viru 50 Joer sënngeméiss gesot huet: Lëtzebuerg ass net Censtochova, net Lourdes an net Fatima. Lëtzebuerg ass eppes Eegenaarteges, eppes Eenzegaarteges, eppes Eemoleges. Lëtzebuerg ass, wat d'Lëtzebuerger draus maachen.[22]

- **D'„Lëtzebuerger Ekklesiologie" vum André Lesch:** An engem Recyclage, dee mer viru Joren am Séminaire organiséiert haten zum Thema „Kirche, wie geht das?", hat den Här Lesch, fréieren Dogmatik-Professer, eng Lëtzebuerger Ekklesiologie, d. h. Léier iwwer eis Kierch oder Vue vun der Kierch, entworf. Dobäi huet en hiert staarkt marianescht Profil erausgeschafft. Ëm Folgendes ass et him gaangen. D'Kierch zu Lëtzebuerg zeechent sech doduerch aus, datt se duerch d'Erwielung vu Maria eigentlech eréischt als Lëtzebuerger Kierch entstan ass („Ekklesiogenesis: die Wahl Marias"). Eng vun den éischten Handlungen, wann net di éischt, wou

---

²² F. RASQUÉ, *Patronae Civitatis, op. cit.*, S. 53.

d'Kierch – an och, je nodeem, d'Vollek – zu Lëtzebuerg de Subjekt vun deem Akt war, ass d'Wiel vu Maria als hir Schutzpatréinesch. Et war dat en historeschen a geschichtsmächtegen Akt, an deem d'Vollek selwer sech verwierklecht an duerstellt. Zwar ass déi Erwielung op d'Initiativ vun de Jesuiten zréckgaangen, an et ass en Akt vu Stellvertriedung duerch d'politesch Autoritéit. D'Vollek huet awer deen Akt net erlidden, mä ratifizéiert, matvollzunn a matgedroen. Dës Elektioun vun der Stad 1666 a vum Land 1678 weist, dass d'Vollek Subjekt (d. h. emanzipéiert-responsablen Akteur) vu sengem geschichtlechen Handele ginn ass an doranner seng Identitéit fënnt. Ganz marianesch wëllt et sinn, an doduerch eigentlech ganz Christus zougehéiereg. Esou huet sech scho 1666 a 1678 an engem éischte Schrëtt d'Lëtzebuerger Kierch konstituéiert, ënnert marianesche Virzeechen, obwuel se strukturell eréischt 1840 als Apostolescht Vikariat resp. 1870 als eegestänneg Diözes gebuere gouf am volle Sënn vum Wuert. D'Lëtzebuerger Bëscheef hunn alleguer d'Wei u Maria ratifizéiert an dat novollzunn, wat d'Vollek gemaach huet; a bis haut gëtt se jo op déi Manéier all Joer widderholl. Eis Bëschofskierch ass Mariekierch an zugläich Pilgerkierch. Dem Bëschof Lommel säi Wopesproch war marianesch: „Nos autem populus tuus – Mir awer sinn däi Vollek" – ech hat schonn drop higewisen. Mer sinn als Lëtzebuerger Kierch Vollek Gottes mat Maria als Urbild a Leedstäer. „Die

Kirche in Luxemburg versteht sich als pilgerndes Volk, als unter den Mantel ihrer Identifikationsgestalt fliehende, schutzsuchende Gemeinschaft eines Volkes mit seinem Bischof und seinen Priestern", esou den Här Lesch. D'Wiel vu Maria, an der Optik vun de Jesuiten, ass d'Wiele vum chrëschtleche Glawen als Liewenswee an am Hibléck op eng Gestaltung vun der Gesellschaft. D'Wiel vu Maria bleift, och no de Jesuiten, an ass vun der elo vollgülteger Kierch mat hirem Bëschof – der Kierch, déi zu Lëtzebuerg ass – iwwerholl ginn.[23]

Mat der Wiel vu Maria hunn d'Lëtzebuerger optéiert fir eng Wiel vum chrëschtleche Glawen, eng Optioun, déi regelméisseg ze erneieren ass an also net ee fir allemol evident ass. Domat, esou den André Lesch, verflicht sech d'Lëtzebuerger Kierch an der Erwielung vu Maria och, bestëmmte Wäerter an d'Liewe vum ganze Vollek anzebréngen: Léift, Respekt vun deem Geréngen, di kontemplativ Dimensioun, d'Dignitéit vun der mënschlecher Persoun, de Kampf géint eng Friembestëmmung vum Mënsch duerch Technokratie.[24] An enger quasi total säkuliséierter Gesellschaft wéi di Lëtzebuerger fënnt duerfir d'Kierch Terrain genuch – egal wéi

---

[23] André LESCH, *Eine Luxemburger Ekklesiologie*. Fortbildungskurs – Kirche, wie geht das?, Manuskript, Luxemburg, 29. Juli 1997, Zitat S. 3.
[24] A. LESCH, Wahl Mariens, *op. cit.*, S. 25 *sq.*

fruchtbar oder onfruchtbar deen Terrain och si mag –, wou se kann a muss de Som vum Evangelium, vun der chrëschtlecher Ethik, vun der Sozialdoctrine aséinen, an dat an engem missionaresche Geescht.

- **De Schlëssel als „Schlësselereegnes"**: Wann ech sonndes mueres an d'Radiosmass fueren, spillt de Schlëssel eng grouss Roll. E puer Deeg virdrun telefonéieren ech der respektiver Persoun (Koschter oder Koschtesch), déi de Kiercheschlëssel huet, fir datt si soll mueres fréi um 7 Auer opspären, wann d'Techniker kommen, fir hir Mikroen ze installéieren. Ouni dee Schlëssel giff do näischt goen a giff d'Mass ausfalen – Gott sei Dank war dat nach ni de Fall.

1666 ass d'Wei vun der Stad a Festung Lëtzebuerg kompletéiert ginn duerch d'Stadschlësselen, déi Maria iwwerdroe goufen. Et waren dräi offiziell Perséinlechkeeten, déi do d'Schlëssele vun dräi Haaptfestungspaarten dem Zelebrans iwwerginn hunn. Hien huet si virun d'Muttergottes geluecht an hinne se duerno erëm zréckginn. Et waren de Stadpropst, deen d'Proprietéite vun der Stad verwalt huet; de Stadriichter, d. h. eigentlech de Buergermeeschter; an de Stadbaumeeschter, d. h. de Stadteinnehmer. D'Schlëssele bedeiten d'Eegentumsrecht hunn iwwert eppes, awer och d'Flicht driwwer ze waachen. Dat krut also di nei Herrin vun der Stad ugedroen. E Joer drop gouf déiselwecht Zeremonie vum Gouverneur,

     Sech Hir schenken

dem Prënz vu Chimay, quasi kopéiert: déi Kéier awer mat engem Goldschlëssel, deen der Stadpatréinesch iwwerreecht gouf, an deen zënterhier zu hiren Insignien gehéiert, och op quasi alle Kopien an Ofbiller.

De Schlëssel offréieren, war deemools e gängege politesche Geste. Wann e Fürst eng Stad feierlech a Besëtz geholl huet, bei sengem „adventus", senger „Joyeuse entrée", do gouf him de Schlëssel vun der Stad iwwerreecht. De Napoléon krut, wéi en 1804 op Lëtzebuerg kënnt, de Stadschlëssel offréiert – a well se kee besseren haten, hu se der Muttergottes hire geholl an him deen op engem Coussin presentéiert. Dorophin sot hien: „Reprenez-les, elles sont en bonnes mains". Dat war di rituell Äntwert, déi hien iwwerall ginn huet bei dëser Zeremonie, an all Stad wuer en hikomm ass, ausgehend vun Oochen, wou e seng Tournee ugefaang hat. Mä zu Lëtzebuerg gouf seng Ausso zimmlech séier als eng fromm Äntwert gedeit, nom Motto: Souguer deen onchrëschtleche Keeser vun de Fransousen huet der Muttergottes an engem propheteschen Akt hire Schlëssel an domat hir Verfügungsgewalt iwwer Lëtzebuerg zréckginn. Kee geréngeren ewéi den deemolege Buergermeescher Servais huet de Saz vum Napoléon esou, d. h. reliéis, interpretéiert. Hien huet e puer Joer drop, 1807, der Tréischterin an der Kathedral um Schlusssonndeg vun der Oktav deeselwechte Schlëssel nach eng Kéier am Numm vum Stater Schäffen- a Gemengerot iwwerginn, woubäi den zoustännege Bëschof Jauffret vu Metz (Lëtzebuerg huet deemools zur Diözes Metz gehéiert) en an Emfang geholl huet. Haut fanne mer esou eng Schlësselzeremonie nach erëm bei der Installatioun vun engem Paschtouer, deen de Schlëssel vun der Parkierch iwwerreecht kritt. Oder beim Kölner Karneval, wou den Oberbürgermeister dem *Kölsche Dreigestirn*, näherhin dem Bauer, fir d'Zäit vun der Fasenacht de Schlëssel vun der Stad Köln iwwergëtt. Oder bei der englescher Queen, déi all Joer, ier se zu Edinburgh op Schlass Balmoral de Summer verbréngt, vum Buergermeeschter de Schlëssel vun der Stad op engem Coussin iwwerreecht kritt an – esou wéi den Napoléon – en direkt nees zréck leet. Jiddefalls huet di Lëtzebuerger Schlësselzeen, déi vun 1666/67 a vun 1804 dermoossen impressionnéiert, als quasi eppes Mythesches, datt se an de literareschen Dokumenter an an der Ikonografie markant Spuren hannerlooss huet. A bis haut dréit jo eis Tréischterin hire Schlëssel, jo se huet der nach e puer derbäi kritt: am Jubiläumsjoer 1866 ee vun der Par Iechternach, an 1963, beim Millénaire vun der Stad Lëtzebuerg, e weidere vum Schäffen- a Gemengerot vun der Stad, ugefouert vum liberale Buergermeeschter Hamilius. De Schlëssel iwwerginn heescht, sech enger Persoun iwwereegnen, sech hir verschreiwen. An och, wéi den André Lesch nach ausféiert: „Maria mit dem Schlüssel gibt Zugang zum verschlossenen Bereich des Lebens: mit dem Kind hat sie den Schlüssel der Geschichte, den Schlüssel der Unterwelt."[25]

Op Maria Himmelfahrt dëst Joer huet eise fréieren Äerzbëschof Mgr. Fernand Franck zu Lengfeld no bei Würzburg eng Lëtzebuerger Consolatrix-Duerstellung vun ëm 1750, a Rokoko-Ausféierung, entdeckt, déi viru kuerzem opwänneg restauréiert ginn ass. De Schlëssel hu se hir, wahrscheinlech well se et net besser wossten, net un d'Hand gehaangen, mä un de Bauch ugebitzt. Am Kommentar dozou heescht et: „Die Muttergottes mit dem Jesuskind sind als Himmelskönige dargestellt: Maria mit dem Zepter und dem Himmelsschlüssel auf dem Gewand, Jesus mit der Weltkugel… Der Schlüssel der Madonna ist neben dem Himmelsschlüssel auch gleichzeitig der Schlüssel der Stadt Luxemburg, ist sie doch auch Patronin von Luxemburg." Ëmmerhi kritt hei hire Schlëssel, als Himmelsschlëssel, eng nei Bedeitung: Si soll domat äis den Himmel opspären, den Zougank zum Himmel erméiglechen, „erschléissen"!

De Mgr. Franck hat scho fir Maria Himmelfahrt 2002 an den däitschen „Osservatore Romano" a sengem Kommentar zum Fest geschriwwen, a sech dobäi bezunn op d'Schlësselzeen vum Napoléon: „Auch wir wollen Maria unser Schicksal, unser Leben, ja die Schlüssel unserer Existenz anvertrauen. Dann können wir gewiss sein, wir sind in guten

---

[25] A. LESCH, *Ekklesiologie, op. cit.*, S. 3.

Händen! Dann wird sie auch uns das Tor zum Ewigen Leben aufsperren."

Jiddefalls war d'Erwielung vu 1666 e Schlësselevent am Liewe vum Lëtzebuerger Vollek, esou wéi all Mariewei e Schlësselerliefnes am Liewe vun engem Chrëscht ka sinn, an eis gemeinschaftlech Erneierung vun der Wei u Maria, de *Votum solemne*, dee mer all Joer an der Oktav virhuelen an den nächste Sonndeg, 350. Joresdag vun der Stadwei, ganz feierlech widderhuelen, e Schlësselereignis ass! D'Wei un d'Muttergottes – Schlësselevent am Liewe vum Chrëscht a vun der Kierch!

Och wann ech hei eng kleng Ernüchterung muss matdeelen. Mir hu jo den Trend ze mengen, dass d'Muttergottes e Schlëssel dréit, wier eng tipesch Lëtzebuerger Saach. *Il n'en est rien.* Am Summer hunn ech eng Wallfahrt gemaach bei d'Notre-Dame de la Sarte um Plateau iwwert der Stad Huy no bei Léck, 160 km vun hei ewech. Och do gëtt eng ugedoe Mariestatu veréiert. Hire Kult ass zur selwechter Zäit héichkomm wéi deen zu Lëtzebuerg, huet awer näisch mat eiser Consolatrix-Veréierung ze dinn. Dës Notre-Dame de la Sarte gëtt all siwent Joer erof an d'Stad gedroen an do während enger Neuvaine am Mee an der Collégiale Notre-Dame veréiert, a schliisslech nees a feierlecher Schlussprëssessioun zréckgedroen op d'Héicht an hir Kierch. Si gouf seinerzeit vun den Dominikaner betreit, déi awer haut net méi do sinn. A virun allem: Si dréit e Schlëssel – an zwar

de Schlëssel vun der Stad Huy, déi sech hir con-
sacréiert hat. Wéi ech do war, hat se esouguer zwee
Schlësselen, een an der Hand hänken (esou wéi eis
Tréischterin) an een um Bauch, um Rack, ugebitzt.
Meng Ernüchterung ass nach méi grouss ginn, wéi
de Marc Jeck mer viru kuerzem eng Foto vun enger
anerer Muttergottesstatu zu Antwerpen an der
Pauluskierch gemailt huet. Och si dréit e Schlëssel a
gouf am 17. Jh. ëmmer Ufank Oktober an enger
Prëssessioun duerch Antwerpen gedroen. Wahrscheinlech gëtt et nach aner Plazen, a wouméiglech
war et eng Moud, der Muttergottes bei enger Stadwei
de Stadschlëssel ze iwwerginn – vläicht wier et jo
emol intressant, eng systematesch Opstellung heivun
ze maachen; och wann da Lëtzebuerg nëmme méi ee
Fallbeispill an engem gréissere Kontext ass, mä och
dat ass signifikativ. A grad esou vun Interessi kënnt
sinn, de Constat ze maachen, wien als éischt der
Muttergottes de Schlëssel iwwerreecht huet, wien also
de Begrënner vun där Schlësseltraditioun war…

D'Iddi vum Schlëssel gräift eise Poopst Franziskus op, andeems en se spiritualiséiert, a sengem
Message fir de Weltdag vun de Kranken 2016. Sënngeméiss seet hien: Wann ech an eng existenziell
schwiereg Situatioun kommen, an eng Kris a mer
d'Fro stellen: Firwat grad ech? A wou ech dann am
léifste géif verzweifelen an denken, alles wier verluer,
näischt hätt méi e Sënn… „In solchen Situationen
wird der Glaube an Gott einerseits auf die Probe ge-

stellt, aber andererseits offenbart er zugleich sein ganzes positives Potential. Nicht weil der Glaube die Krankheit, den Schmerz oder die daraus entstehenden Fragen zum Verschwinden bringt, sondern weil er einen Schlüssel anbietet, mit dem wir den tieferen Sinn dessen entdecken können, was wir erleben: ein Schlüssel, der uns zu sehen hilft, dass die Krankheit Weg zu einer größeren Nähe zu Jesus sein kann, der mit dem Kreuz beladen an unserer Seite geht. Und diesen Schlüssel gibt uns die Mutter, Maria, die diesen Weg gut kennt." Grad Maria kann äis um Krankebett tréischten, mat deem Trouscht, deen si selwer vu Gott hier kritt huet. Maria als di getréischt Mamm, déi hir Kanner tréischt. Esou léisst Maria äis den Trouscht erfueren, andeems si weiderreecht, wat si selwer emfaangen huet. Si gëtt äis de Schlëssel, fir Krankheet an Nout ze deiten an ze bestoen, nämlech un der Säit vum kräizdroende Christus an zesumme mat him. Esou wéi si selwer jo ënnert dem Kräiz stung, mat him gelidden huet an him no war – eist Oktavevangelium. Also och dat als spirituell Broderie ronderëm der Muttergottes hire Schlëssel.

Schluss

- De Gedanke vun der Wei u Maria huet Agank fonnt an eis **Oktavlidder**, am däitlechste bei „O Mamm, léif Mamm", komponéiert vum Pierre

Barthel; den Text ass vum Charles Mullendorff, äis all beschtbekannt:

> *O Mamm, léif Mamm do uewen,*
> *ech hunn dech eenzeg gär.*
> *Däin Numm ass mir gegruewen,*
> *an d'Häerz bis an de Kär.*
>
> *Ech sinn esou wäit ech denken,*
> *ee Muttergotteskand.*
> *Wie soll sech Hir net schenken,*
> *am Lëtzebuerger Land.*

- Dat Gebiet, wat am Magnificat Nr. 810 als **„Gebiet vun den Oktavpilger"** ugefouert gëtt, ass och e Weiegebiet. Mer kennen et vun Oktavbiller hir, normalerweis gëtt et um 10. Oktober an um 20. Februar vum Bëschof ofwiesselnd mam Vollek virum Bild vun der Tréischterin gebiet. Do ginn ech elo inhaltlech net drop an. Et respektéiert di dual Struktur vum Pakt, wou jidderee vun deenen zwee Bündnispartner eppes gëtt a jiddereen eppes kritt: Mir ginn eist Verspriechen, Maria gär ze hunn an trei ze sinn am Glaf. An si waacht, als Conterpartie, iwwert äis mat hirem Schutz. Et ass also, vun äis aus gesinn, zugläich Verspriechen an Demande. Mir kennen dat Weiegebiet:

> *Helleg Maria, Gottesmamm,*
> *Tréischterin am Leed,*
> *wéi all Joer*
> *gi mir dir eist Verspriechen.*

Méi wéi dräihonnert Joer
bass du mat äis gaang.
Haut versprieche mir dir op en neits,
dech gär ze hunn
an trei ze sinn am chrëschtleche Glaf.

Léif Mamm, Patréinesch vu Stad a Land,
alles leeë mir an deng Hänn,
wat äis léif an helleg ass:
eis Familljen, eis Kanner,
eis Fräiheet, eis Eenegkeet,
d'Gléck vun der Heemecht
an de Fridden uechter d'Welt.

Seen, déi äis regéieren,
behitt deng Kanner
heiheem an an der Friemd,
a féier äis de Wee
an d'éiweg Heemecht.
Amen.

- En anert Weiegebiet ass di perséinlech Wei vun all Kand **un d'Muttergottes no der Daf**. Duerch de *Votum solemne* – esou de Frédéric Rasqué – dréit all Lëtzebuerger, ob en dat wëllt oder net, zënter 1666 eng „empreinte mariale" u sech[26]. Däitlech gëtt dat, an och existenziell grondgeluecht, am Weiegebiet, dat zum Schluss vun der Kannerdaf virgesinn ass, a wou et heescht:

---

[26] A.C.M.L. (Hg.), *Votum solemne, op. cit.*, S. 22.

„Wie soll sech Hir net schenken…"

Helleg Maria, Gottesmamm,
*   Tréischterin am Leed,*
eist Vollek huet dech
*   viru Jorhonnerten*
*   zu senger Patréinesch gewielt.*
Mir bréngen eist Kand,
*   dat elo grad gedeeft gouf,*
*   bei dech,*
*   fir dir et ze weien.*
Hal du deng Hand iwwert eist Kand,
*   sou wéi's du et fir däi Kand Jesus*
*   gemaach hues,*
*   a biet fir hatt beim Herrgott.*
Hëllef äis,
*   et gutt ze erzéien*
*   an et op d'Liewe virzebereeden.*
Mir verspriechen dir op en neits
*   dech gären ze hunn*
*   an trei ze sinn am chrëschtleche Glaf.*
Stéi äis all zur Säit mat dengem Gebiet,
*   bei allem wat mer dinn a maachen,*
*   a bleif bei äis*
*   all Stonn vun eisem Liewen.*
Amen.

- Erlaabt mer ze schléisse mat engem existenzielle Moment. Wéi ech viru laange Joren op der Flattière ënnerhalb vum Mont-Blanc un enger Retraite deelgeholl hunn, huet de leschten Exercice dra bestanen – esou krute mer vum Retraitepater ugedroen – e Mariegebiet ze schreiwen, ganz einfach a ganz perséinlech, sous forme vun enger Wei u Maria. Et gouf dat hei:

O Marie, Mère de Dieu,
Consolatrice des Affligés !
Je te remercie de toutes les grâces et consolations
que tu ne cesses de demander à ton Fils
et de prodiguer à tous ceux qui t'implorent.
Je te prie :
Sois proche d'eux !
Sois proche aussi de moi,
surtout dans les situations de peine,
d'angoisse et de tentation.
Conduis-moi vers ton Fils,
et je te promets d'être proche de toi,
fidèle à toi.
Amen.